学校では教えてくれない

地政学の授業

茂木 誠

文化放送

JN075596

祥伝社黄金文庫

本書は、２０１６年10月、ＰＨＰエディターズ・グループから単行本で刊行された
『学校では教えてくれない　地政学の授業』を文庫化したものです。

文庫版へのまえがき

単行本（ＰＨＰエディターズ）の刊行から6年が経ちましたので、トランプ政権以降の情報を加筆しました。

この間、米国では中国との対決姿勢を示したトランプ共和党政権の4年間があり、方向性のはっきりしない民主党バイデン政権に代わりました。

日本では歴代最長記録を更新した安倍晋三《あべしんぞう》首相が退陣して、菅《すが》政権、岸田《きしだ》政権と個性のない政権に戻り、ランドパワーの国々では中国の習近平《しゅうきんぺい》、ロシアのプーチンが事実上の終身独裁への道を固め、ロシアは隣国ウクライナへ平然と攻め込み、中国は台湾併合への野心を隠さなくなりました。

「新型コロナウィルス」のパンデミックという未知の脅威にさらされる中、西側諸国までもが非常事態宣言を乱発し、「感染予防」を名目に国民生活へのコントロールを強めています。物流の停止が世界の経済に大打撃を与え、日本でも時短・自粛ムードが続き、効果もはっきりしないマスク着用が社会規範になってしまいました。

「ぼんやりした不安」――

昭和の初期に芥川龍之介《あくたがわりゅうのすけ》が残した言葉です。

こういうときこそ、世界の支配者たちは民衆の不安を利用して、利益を拡大しようとします。それが二〇世紀の教訓でした。

だまされてはいけない。

だまされないためには、わたしたち一人ひとりに武器が必要です。そして武器とは、知識なのです。

この地政学講座が、その一助になれば幸いです。

二〇二一年八月

茂木《もぎ》　誠《まこと》

まえがき

日本ではじめて、だと思います。
「地政学」という「禁断の学問」を大手メディアが番組で、しかも半年間のシリーズ物として取り上げたのは。文化放送さんの英断に、心から敬意と感謝を表したいと思います。

一九四五年の敗戦のショックで、日本人は戦略的思考を失ってしまいました。
「戦略（ストラテジー）」という言葉はもともと軍事用語で、「戦術（タクティクス）」と対《つい》になる考え方です。「あの島を奪うのには、どれだけの兵力と武器が必要で、どこから攻めるか」というような、現場の部隊長が考える個々の作戦が「戦術」です。

これに対し、戦争に勝つためには、どこの国と同盟関係を結び、どのような産業を興《おこ》し、どうやって情報を集め、国際世論にどのようにアピールして味方を増やすか、というような、政治・外交・経済・思想も含めた長期的、大局的な作戦を練るのが

「戦略」です。

「そんなこと、政治家にやらせておけばいい」、という考えは大間違いです。日本のような民主主義国家においては、政治家は国民が選ぶのです。国民一人一人が戦略的なものの見方を身につければ、戦略的な思考のできる政治家を見分けることもできるようになり、彼らを選挙で当選させ、政権を担わせることで、日本の国力自体を強くできるのです。

地政学は戦略的思考の典型です。本書のタイトル通り、地政学は学校では教えません。米軍（GHQ）占領下で、アメリカは二度と日本人に戦略的思考を持たせぬように、これを危険思想として封印しました。サンフランシスコ平和条約で日本が再び独立したのちも、日米安保条約で日本はアメリカの世界戦略に組み込まれ、在日米軍が日本の防衛を担うという状態が70年続いてきました。日本政府は、「アメリカ様のあとについていけば大丈夫」、とばかりに戦略的思考を放棄し、経済発展だけを考えてきたのです。マッカーサーはかつて、敗戦後の日本のことを「12歳の子ども」と評しました。悔しいですが、この指摘は当たっています。自国の安全を他国に依存する国は、国際社会では「子ども」なのです。

他の国々は違いました。ロシアも、中国も、インドも、イギリスも、日本と同じ敗戦国のドイツでさえも、国家の生き残りのために戦略的思考を磨き、情報を集め、自分の足で立ってきたのです。

米ソ冷戦がアメリカの勝利に終わり、「世界の警察官」を自負したアメリカもイラク戦争と金融危機で疲れ果て、二〇一六年の大統領選挙では、日本・韓国・欧州に展開する米軍の撤収を公言するドナルド・トランプが共和党の大統領候補に選ばれました。日本という子どもが、アメリカというお母さんのスカートの陰に隠れ、守られた時代は終わるのです。

「自国の安全は自国で守る」ためには、世界の主要国がどのような原理で動いているのか、その行動原理を知る必要があります。そのとき、地政学は非常に役に立ちます。

文化放送の「オトナカレッジ」は、砂山アナウンサーを進行役に専門分野の講師が、毎回テーマを決めて講義を展開し、リスナーに学びの機会をつくる番組です（番組については後述）。番組プロデューサーの岩田さんから、「世界史学科という枠で、地政学、やりませんか？」とお声がけをいただきました。国民の意識改革の一助になればと考え、喜んでお引き受けしました。

予備知識ゼロのリスナーにも理解できるように、専門用語をできるだけ避け、ラジオ番組なのに、地図をふんだんに使いました（地図は番組ツイッターで見られるようにしました）。

「日本で一番やさしい地政学の講義」ができたのではないかと自負しています。これまでの放送内容の一部は「オトナカレッジ」の番組ホームページ内のポッドキャストポータルサイト「聴く図書館」で聴くことができますが、出版社のＰＨＰエディターズ・グループさんのご協力により、本という形に残すことができました。本書の出版を機会に、より多くの方に地政学に触れていただき、この国の自立に少しでも貢献できれば嬉しく思います。

地政学についてもう少し詳しく知りたい方向けに、『世界史で学べ！　地政学』（祥伝社）という本も書きました。電子書籍でも読めます。参考文献などは、こちらの巻末に載せてありますので、本書では割愛させていただきます。

◇◇

※二〇一三年秋から始まった「オトナカレッジ」は、「経済・ビジネス」「趣味・教養」をテーマに多様な学科を設け、専門の講師が講義をする番組です。「茂木誠の世界史学科」は二〇一五年秋から半年間放送。「地政学」の視点での講義は、リスナーには新鮮かつ充実した内容で、放送後配信のポッドキャストのアクセス数も全講義の中で常に上位でした。

※番組はその後、二〇一六年七月から「朝活版オトナカレッジ」として週末の早朝番組となり、二〇一七年六月まで続きました。二〇一六年の本単行本発売時には茂木誠先生にもご出演いただきました。その放送分も含め、茂木先生の講義は、現在も「オトナカレッジ」のポッドキャスト「オトナカレッジ聴く図書館」でお聴きいただけます。

CONTENTS

装丁 FROG KING STUDIO

砂山アナウンサーが進行役・生徒役となって、
茂木誠が地政学をわかりやすく講義します。

東京都港区浜松町の文化放送スタジオにて

第1章 「地政学」って何？

地政学とはどんな学問なのか？

砂山　皆さん、こんにちは。文化放送アナウンサーの砂山圭大郎です。進行役と生徒役として参加いたします。講師は茂木誠さんです。駿台予備学校の世界史科講師。東京近郊で猫とお暮らしです。茂木さんとたっぷりとお話をさせていただきたいと思っております。
どうぞよろしくお願いいたします。

茂木　はい、よろしくお願いいたします。

砂山　さあ、初回の講義になりますが、テーマは、「『地政学』って何？」です。

シリア難民にイスラム過激派ＩＳ、南シナ海問題にウクライナ問題。学校で世界史を勉強したはずなのに、いま起きている国際紛争があまりよく理解できないという方、多くありませんか？　そんな国際情勢を根本から理解するための禁断の学問、それが地政学である、と茂木先生はおっしゃいます。茂木さん、この講義で国際紛争の理由がわかるんですよね？

茂木　はい、わかります。ポイントは、やはり猫ですね。

砂山　地政学とは関係ないんじゃないですか？

茂木　猫は非常に地政学的な動きをします。野良猫は、縄張り争いをしますよね。地政学とは、要は縄張り争いのことなんです。

砂山　ちょっと不安になってきましたが、まずは根本的なところから教えてください。

「地政学」とは、そもそもどういう学問なのですか？

茂木　身近な例からお話ししていきましょう。ここは浜松町ですよね。

砂山　はい。文化放送、浜松町です。

茂木 砂山アナウンサーは、電車通勤ですか？

砂山 はい。

茂木 たとえば休日出勤の早朝、電車の車内はガラガラだったとします。砂山さんは、どこに座りますか？

砂山 それが地政学なんですか!?

茂木 そうです。

砂山 まあ、ドア近くの端っこの席に座りますね。

茂木 だいたい皆さん、そうですよね。その隅っこから皆さん座っていって、真ん中へんはいつも空《あ》いてますよね。これはなんででしょうか、わかりますか？

砂山 どうしてなんでしょうね。なんか端に座ってしまいますね。

茂木 端って安心するじゃないですか。私も予備校で教えていて、座席自由というクラスは、だいたい壁際から埋まっていくんですよね。真ん中はいつも空いてるんです。学生さんは不安なんでしょうね。

砂山 なぜ不安になってしまうのでしょうか？

茂木　人間の本能なんですよ。電車の話に戻しますと、誰かが両側に座ると、どんな人かわからない。たとえば、貧乏ゆすりをするかもしれないし、ぶつぶつ独り言を言うかもしれないし、不安ですよね。端に座れば、片側は誰も座らないから、少なくとも片側だけは安心できます。こういうことですよね。

別の例を挙げてみましょう。砂山さん、お住まいはマンションですよね。ワンフロアは、何軒ぐらいありますか？

砂山　4軒です。

茂木　そのいくつ目ですか？

砂山　4つの真ん中ですね。

茂木　もしフロアのどこの部屋を選んでもいいと言われたら、どこを選びますか？4つの真ん中2つのうち、どちらかを選びますか？

砂山　それはやはり角部屋がいいですね。

茂木　ですよね。角部屋は高いですが、いいですよね。実はこれも地政学で説明できます。

砂山　これもですか。日当たりの問題ではなくて、地政学なんですか？

動物の縄張りと同じように、国にも「縄張り」がある！

茂木　そうです。私は以前、安いアパートにいたときに、いわゆる真ん中だったんですよね。それで、片一方のおうちで引っ越しがあって新しい住人が来たんですけれども、真夜中の3時過ぎになって大音量でヘビメタをかけるんですよ。私も夜更かしをしてだいたい寝るのが3時4時なので、寝ようかなって思うとヘビメタが始まるんです。それで、ついに3日目にもう耐えきれなくなって文句を言いに行ったんですよね。そしたら出てきたのが若い姉ちゃんで、ちょっと怒れなくなっちゃって（笑）。

砂山　意外と弱気ですね。茂木先生、ちょっと強面《こわもて》の感じがするんですけど。

茂木　いえいえ、弱気なんです。そういうトラブルってあるじゃないですか。国もそうなんですよね。つまり、隣国同士はもめるんですよ。必ず。領土とか難民とか資源とか。たとえば、日本とネパールは喧嘩しませんよね。

砂山　遠いですもんね。

茂木　遠いから。だから、日本ともめてる国はロシア、韓国、中国。みんな隣国じゃないですか。世界中どこでもそうなんですよね。フランスとドイツ、インドとパキスタン、ブラジルとアルゼンチンもライバルです。

砂山　そうか。家も国も同じですね。隣家の音楽の騒音とか、ペットの鳴き声とか……。

茂木　そうなんです。ペットといえば、うちの猫も必ず部屋の隅っこにいるんですよ。縄張りがあるんです。

砂山　ここで猫が出てきましたね。

茂木　猫は習性として、自分が一番気持ちのいい居場所を探して座るんです。つまり自分の縄張りです。猫はゆっくりしたいときに自分の近くに来られると不機嫌になるんですよね。これは地政学的な動きで、人間でも同じなんです。

砂山　動物の縄張りと同じように、国っていうのも縄張りがあると。

茂木　その縄張りを、領土とか、領海とか、勢力圏とかいうわけです。個人だったら引っ越しできますけれども、国っていうのは引っ越しできません。中国の北にはロシアがあるんですよね。必ず。そうすると、その国がどこに位置するか、ロシアと中国はお互いに困った隣人をどうやってコントロールするかっていうことを考えるんですよね。というふうにして、いろんな外交政策や、あるいは場合によっては戦争っていうことにつながっていくと。それを理論化しようという学問が地政学です。

砂山　いわゆる国家間の対立を地理的な条件で説明するのが地政学、というふうに言い換えられると思うんですけど、そういうものの見方って、学校で教わったことないですね。

なぜ学校で「地政学」を教えないのか？

茂木　最初の紹介のところで、砂山さんが「禁断の学問」っておっしゃいましたよね。なんで禁断になっちゃったかっていうことですよね。ぼくも実は学校で地理はやりましたが、地政学なんて教わったことないです。1回も。だって教科書に載ってないからです。

砂山　教えてもらってもよさそうな感じはするんですけど。

茂木　教科書の歴史、とくに現代史の見方っていうのは何かっていうと、必ず善と悪があると。いい国、悪い国があると。でも歴史全体としては良い方向へ向かっている。最終的に正義は勝つ、という歴史観です。

砂山　人類はこう進歩してきたんだと。

茂木　そうです。こういうのを進歩史観といいます。それで悪い国が悪い戦争を起こしても、最終的には正義は勝つんだという、そういう考えですね。日本がなんで戦争に負けたのか？　悪い戦争、間違った戦争をやったからなんだと、戦犯国家なんだと、だから負けて当然だと、あの戦争で勝った国、連合国が正義なんだと、こういう考えです。

ところが、あの戦争で悪いドイツ、日本が負けて、正義の国々が勝ったはずですよね。ところが、戦後70年以上経って、世界は平和になったかっていうと？

砂山　全然なってないですよね。

茂木　要するに間違っているんですよ。「悪い国が負け、正義が勝つんだ」という考えが。

砂山　教科書の教え方は間違っていると。

茂木　はい。世界史を「善と悪の戦い」みたいに考えるのが間違っているんです。たとえばアメリカがイラクを攻めたときに、イラクのサダム・フセインという悪い独裁者がいて人民が苦しんでいるから、アメリカがこれを打倒して人民を解放するんだとかいってやったんですよね。そのあと、じゃあ、中東は平和になったんですかって。

砂山　なってないですね。

茂木　もう、めちゃくちゃじゃないですか。ＩＳ（イスラミック・ステイト）という暴力的なイスラム過激派がはびこるようになったのは、フセイン政権を倒した後ですよ。「善」のアメリカが、「悪」のイラクを倒したんだ、という見方が間違っているんです。

砂山　地政学で見ると、もっと違った説明ができるんですか？

茂木　全部説明できます。

砂山　どう説明するんでしょうか？

茂木　国際紛争を、国と国との縄張り争い、生存競争と見ます。そこには善も悪もないと。あえて言えば全部悪だと。

教科書通りに学んだ人ほど、「世界の常識」からずれていく！

砂山　もう本当にリアルな世界。

茂木　そうです。ある国が戦争で負けた。なんで負けたか？　弱かったからです。

砂山　もう正義とか、いいとか悪いとか、関係ないですね。

茂木　そういう考えのことをリアリズム、現実主義っていうんです。だから、リアリズムに基づくと、平和っていうのは力と力が均衡している状態なんです。逆に、一方が絶対に勝てる状況だと、戦争が起こりやすくなる。力が均衡すると、相手も怖いからうかつに手を出せない、ということですね。戦後70年間、小さな戦争はいっぱいあったけれども、いわゆる世界大戦が起きなかったのはどうしてかっていうと、「力の均衡」が保たれていたからです。

砂山　いわゆる東西冷戦。米ソ冷戦ですね。

茂木　そうです。アメリカとソヴィエト、いまのロシアですね。これが核兵器でほぼ均衡していたので、お互い怖いから相手を攻撃できなかった。だから、この均衡が崩れたときがやばいんですね。

砂山　いわゆるソ連崩壊後、紛争がより増えたようなイメージがあります。

茂木　確かにそうです。だから、地政学っていうのはそのリアリズム的な見方のひとつの具体的な学問であるということですね。

砂山　リアリズムに対して、さっきの教科書的な考え方はなんていうんですか？

茂木　理想主義、アイデアリズムですね。

ここがポイント

- ✓ いまの世界はリアリズムで動いている。
- ✓ 理想主義では説明できない。

砂山　実際に世界は理想主義で動いているわけではないですもんね。
茂木　ないです、ないです。動いていたらもう平和になってるはずですね。
砂山　理想主義だと平和になってるはずだ、と。
茂木　そうです。いまの世界が説明できない。
砂山　ということになるわけですね。
茂木　世界の指導者、たとえばロシアのプーチン大統領、中国の習近平国家主席、みんないかに自分の国が生き残るかというリアリズムで動いていると、これが今回のポイントですよ。日本は世界の常識から外れている。
砂山　だいぶわかってきました。各国、ただ生存競争を続けているだけ。それを地図で見ればいい。お隣同士は仲が悪い。正義とか悪とか、そういう話ではない。単なるリアリズムで見る。そうすればプーチンさんや、習近平さんの行動もわかってくる、ということでした。
茂木　そうです。
砂山　こんなにすっきりと物事が見えるっていうものならば学校で教えればいいなっ

て思うんですけど、なんで日本では教えてくれないんですか？

茂木　ですよね。これは私が書いた『世界史で学べ！　地政学』っていう本の冒頭部分にも載せたんですけど、実際に高校で使われている世界史の教科書（山川出版社『詳説世界史Ｂ』３７０ページ）にこう書いてあるんです。

「第二次世界大戦は、東アジアにおける日本、ヨーロッパにおけるイタリア・ドイツのファシズム諸国家が、国内危機を他国への侵略で解決しようとし、ヴェルサイユ・ワシントン体制を破壊する動きから始まった。ドイツ・イタリアがヨーロッパで、日本が中国でそれぞれ別に始めた侵略戦争は、１９４１年の独ソ戦と太平洋戦争の開始とともに、世界大戦へ一体化した」とありまして、その次に「連合国」――アメリカ側ですね――「側がはやくから反ファシズムを掲げ、大西洋憲章によって新しい戦後秩序を示して、多くの国々の支持を集めたのに対し、ファシズム諸国家」――この教科書によれば日本、ドイツ、イタリアのことですね――「は自国民の優秀さをとなえ、それぞれの支配権確立をめざすだけで、広く世界に訴える普遍的理念をもたなかった。さらに、ファシズム諸国の暴力的な植民地支配、占領地支配は、広い抵抗運動を呼び起こした。その結果、ファシズム諸国は事実上、全世界を敵にまわすことになって、敗北した」と、こう書いてあります。

つまり、日本、ドイツ、イタリアだけが自国の勢力圏、支配権の確立を目指して暴力的な支配をやったのであって、要するに悪い国だと。だから負けたんだと書いてあるんですよ。これ、一番よく売れている世界史教科書です。

砂山 ぼくも高校時代に使ってました。まさに理想主義ですね。なんで教科書は地政学的な考え方っていうのをとり入れないんでしょうか?

茂木 ぼくの想像では、戦争に負けたショックが大きすぎたんです。戦前の日本っていうのは、かなり地政学的な動きをやってるんですよね。

砂山 昔はあった?

茂木 たとえば日清戦争、日露戦争なんて、あとでまたお話ししますが、ロシアの南下を阻止するという、まさに地政学的な動きでしたから。それが敗戦のショックで、もう全部間違っていたんだというふうに思い込んじゃったんでしょうね。

砂山 第二次大戦の敗戦とともに、もう地政学はやらないほうがいいんじゃないかと。

茂木　もうやめたと、捨てちゃったんですね。しかも戦後の日本には、超大国アメリカの軍隊が駐留してきたから、日本を攻めようなんていう国は現れなかったんです。だから日本政府も国民も、国家の生き残りを真剣に考えずに70年間を過ごしてきました。

砂山　それで現在に至る。他の国はどうなんですか？

茂木　他の国は全然変わってないですよ。だから、日本で歴史、世界史を教科書通りにちゃんと勉強した人ほど、世界の常識とのずれが広がっていくんです。グローバルで外国人との交流が多くなったいま、地政学を学ぶことは大切になってきている。

砂山　いわゆる世界の人々はリアリズムを学んでいるのに、日本人は理想主義で学んでしまうと、確かに話は……。

茂木　まったくかみ合わない。たとえば外務官僚の皆さんなんか、本当に英語はお上手で、テストの成績も優秀だったんでしょう。ところが、彼らが勉強してきた教科書の根本的な見方が世界基準からずれているんですよ。

ヨーロッパの「難民受け入れ政策」は、リアリズムに欠けていた

砂山　実際に地政学で世界史とか現実の動きを見ると、世の中の動きはだいぶ見え方が変わってくるということですか？

茂木　変わってきますよね。

砂山　どう見えてきますか？

茂木　最近の例でいいますと、いま移民が……、難民と称した移民も交ざっているんですがね。実際には。これがいまシリアからヨーロッパに向かって怒濤《どとう》の如く流れ込んでいまして、すさまじい状況です。いろんな迫害を受けてきた難民を人道上、救わなきゃいけないということで、ドイツのメルケル首相は、積極的にこれを受け入れる、と言っていたんですが、受け入れた途端にドーンと何万人も押し寄せた結果、大混乱が起きてしまった。ドイツだけで年間100万人（二〇一五年）ですよ。で、結局、受け入れを停止しましたよね。

砂山　ちょっといまはキャパシティーを超えちゃってる状態ですよね。

茂木　ええ。これ以上入ってくるなと。EU（欧州連合）の取り決めで、国境線はフリーパスだったはずですが、東ヨーロッパ各国、たとえばハンガリーなんか、国境線に鉄条網を建設して催涙《さいるい》ガスで難民を追い払っています。

砂山　つまり、「難民は救うべきだ」っていうのは理想主義ですよね。

茂木　でも「それができるんですか？　実際に」っていうリアリズムに欠けているんですよ。ヨーロッパの難民政策っていうのは。

砂山　世界はリアリズムで動いているんじゃなかったんですか？

茂木　軍事外交政策はそうです。しかし、難民政策のような、世論に訴える部分では、それが徹底していない。いわゆる左派、リベラルの人たちが、「難民がかわいそうだ」と世論に訴えるわけです。

砂山　だからメルケルさんも、難民受け入れを表明しちゃったんですね。

茂木　同じことは日本でも起こり得るわけで、将来近隣諸国で何か難民が生まれたときに、必ず日本国内で「これを全部受け入れろ」っていう声が出ます。でも「それはできるんですか？　実際に」ということです。砂山さんは、お子さんいらっしゃいますよね？

砂山　息子がいます。まだ幼稚園です。

茂木　これから小中高大学と学費はかかりますよね。

砂山　かかりますね。

茂木　文部科学省の調査で、中学高校両方とも公立の場合には6年間で270万円、中高ともに私立に行ったら700万円以上かかる。他に塾とか入れたらたぶん800万円を超えると。それだけのお金があれば、シリア難民の子どもを何百人救えますか？

砂山　ということになるわけですね。

茂木　でも、それをやってたらきりがないじゃないですか。うちの子どもの学費を削ってまでシリア難民を助けるっていう話は、非現実的なんです。

砂山　それがリアリズムの考え方ですね。

茂木　それがリアリズムです。

砂山　なんとなく、地政学というものの輪郭が多少わかったような気がします。それは決して主観的、理想主義的な性質のものではなく、客観的なリアリズムであることもよくわかりました。

茂木　ありがとうございました。この目線で世界を見ていくとよくわかるのですね。どうもありがとうございました。

［茂木のワンポイント］**地政学**

- 世界の見方には、理想主義とリアリズム（現実主義）とがある。
- リアリズムは、「国家間の生存競争」として国際関係を説明する。
- 地政学はリアリズムのひとつ。地理的条件から外交防衛政策を考える。

第2章 アメリカ大統領選挙後の世界はどう変わる？

アメリカは地政学的には「島」である！

砂山　前回、地政学は理想主義ではなく、リアリズムの学問だと学びました。今回も地政学を使って、いまの問題や歴史について読み解いていきたいと思います。今回の茂木先生のテーマは「アメリカ大統領選挙後の世界はどう変わる？」です。地政学と歴史から、アメリカ大統領選挙を茂木先生に読み解いてもらいます。世界史と地政学で、アメリカ大統領選挙もわかるようになるんですよね？

茂木　はい。

砂山　さあ、では、まいります。地政学的にいうとアメリカはどんな国なんでしょう？

茂木　これはもう「島」ですね。

砂山　島じゃないでしょう。

茂木　いや、島ですね。

砂山　アメリカ大陸っていうじゃないですか。

茂木　いやいや、地政学では、大陸っていうのは1個しかないんです。

砂山　大陸っていうのは1個だと考える。

茂木　はい。ユーラシア大陸だけ。いや、ユーラシア大陸を「世界島」という言い方さえします。

砂山　ユーラシア大陸はちょっと分けて考える、と。

茂木　そうそう。あとはもうオーストラリアもアメリカも島と考えます。

砂山　オーストラリアは一国ですから島ですけど、アメリカ大陸もアラスカ、カナダ、アメリカ合衆国、メキシコ、これら全部をひっくるめて島と考える。

茂木　砂山さん、北アメリカの地図をパッと見ていただいて、アメリカのお隣さんってどこですか？

砂山 お隣さんはカナダとメキシコ。

茂木 カナダっていうのはどんな国でしょうね。イメージ。カナダ語ってありますかね？

砂山 ほぼ英語ですよね。

茂木 英語ですよね。

砂山 一部フランス語ですけれども。

茂木 それで、ほとんど森ですよね。あそこはね。

砂山 それは自然豊かですね（笑）。

茂木 北海道みたいな感じの……でかい北海道みたいな。

砂山 より大きな、自然豊かな国ですね。

茂木 メキシコのイメージは？

砂山 メキシコのイメージは、マヤ文明とか古代文明。ピラミッドもあったり。

茂木 ああ、古代文明。

ニューヨーク中心の正距方位図法

アメリカが他の大陸から隔絶した「島」であることがよくわかる。

砂山　最近は、治安が心配ですね。

茂木　いますごいですよね。麻薬戦争みたいな。豊かですかね？

砂山　経済的にはアメリカ、カナダと比べると、豊かっていうところまでにはまだ達していない感じですね。

茂木　この3国を面積だけ見ると、カナダ、アメリカは同じぐらいで、メキシコがアメリカの半分以下ですけれども、実は国力っていうのは面積じゃないんですよ。それは経済力であったり、あとは軍事力ですよね。やっぱり経済が悪いと軍事にカネかけられないので。それで経済力でその国力を地図で示した面白い図がありまして。これはネットを使える方は「ワールドマッパー」。カタカナでいいです。「ワールドマッパー」で検索すると出てきます。GDP、要するに経済力でその国力を表す、それを地図で表すと。大きい国は強いと。そうしてみると、北アメリカはこうなるんですよ（38ページ）。どうでしょう？

砂山　でかっ！　南米大陸がすごく細身。

茂木　やせ細ってますね、南米は。

砂山　北アメリカがもうぶっくぶくに太ってるような。

茂木　それで、北アメリカの中で、これがアメリカ合衆国なんですよ。この一番細い北、これがカナダで。

砂山　カナダはそんなに細くなるんですね。アメリカだけがぶくぶくぶくっと。

茂木　北アメリカは、ほとんどがアメリカ合衆国であると。

砂山　だから島だと考える。

茂木　そうです。前回の話とつなげますと、要するに地政学っていうのはお隣さん問題ですから、隣に強い人がいると困るということ。アメリカにとって、隣人のカナダ、メキシコはまったく怖くない。だから非常に有利ですね。家にたとえれば、「一軒家」です。

砂山　ひと言でいうと、どこからも干渉されないから「島」ということになるわけですね。

茂木　この地理的条件から、アメリカ独特の外交方針が生まれます。ひとつは、ユーラシア大陸のゴタゴタに巻き込まれたくないという、引きこもり戦略。これをモンロ

ワールドマッパーのGDP地図

Data sources:IMF(2010), Maddison(2003), UNDP(2004)

ー主義といいます。もうひとつは逆に、兵力にゆとりがあるのだから積極的に海外に派兵して世界の警察官をやろう、という国際貢献戦術、これをウィルソン主義といいます。モンローも、ウィルソンも、アメリカ大統領の名前です。国際連盟をつくったのがウィルソンですね。

アメリカは『聖書』の理想を実現しようとしてきた！

砂山　ここからちょっと歴史を振り返りたいんですけど、アメリカはもともと、というかいまも、移民の国ですよね。最初にイギリスから渡ってきた人たちがどんな人たちだったのかっていうのが、このアメリカ人の気質につながっているということになるわけですね。

茂木　はい。もちろんもともと住んでいらした先住民族がいらっしゃいます。「先住アメリカ人」、ネイティブ・アメリカンといいます。ただもうほとんど数が少ないので、アメリカの政治にはまったく影響を与えていません。その次にやってきたのがイギリス人。だから英語をしゃべってるわけですね。ところで、砂山さんは将来どこか外国に移住したいって思われます？

砂山　いまのところは思わない。

茂木　思わないですよね。学生に聞いてもほとんど移住したいっていう子はいないですよね。やっぱり故郷から離れるっていうのはすごく勇気がいりますよね。

砂山　そうですね。

茂木　だから、移民する人たちって何か切羽詰《せっぱ》まってるんですよ。

砂山　ということは、このアメリカに渡った人たちは、イギリスにおいても恵まれていたわけではないと。

茂木　そう。暮らせない事情があったと。これはいまも同じですね。シリア難民が同じです。その暮らせない理由っていうのは2つあって、戦争や迫害から逃れる政治難民と、貧困から逃れる経済難民。この2つです。

砂山　そういう方々がアメリカに渡っていったと。

茂木　そうです。

砂山　具体的にはどういう人たちなんでしょうか？

茂木　まず、経済難民は要するに土地がない貧しい農民ですよね。それがアメリカに渡ったらどんどん開拓して、自分が地主になっちゃおうと期待して行くんですよね。

砂山　まずは貧しかった農民たち。

茂木　その人たちがいわゆる開拓農民であって、西部開拓をやっていったんですね。

砂山　で、もうひとつは？

茂木　もうひとつは政治難民で、これにはちょっとイギリスの国内の宗教対立がありました。キリスト教の中の派閥抗争です。それで、イギリスの王様を教会の代表と認める「イギリス国教会」というグループと、いや、王様は教会の代表じゃないっていうグループがいて、あとのほうを「ピューリタン（清教徒）」といいます。

砂山　あっ、ピューリタン革命。

茂木　そうです。『聖書』だけが正しいというキリスト教の過激派ですね。そのグループが革命を起こして、国王を処刑しちゃったりしたんです。キリスト教原理主義ともいいます。

砂山　久々に思い出しましたけど、その方々がアメリカに渡っていった。

茂木　ごく簡単に言っちゃうと、ピューリタン革命って失敗したんですよ。それで結局、イギリスに居づらくなっちゃったので、ドーンとアメリカに渡っていって、自分たちの信仰の理想を実現しようとしたんです。

砂山　では最初の移民、イギリスの人たちは、ピューリタン、もしくは貧しい農民たちだったということですね。

茂木　そうですね。

砂山　その方々はどんな気質を持ってるんですか？

茂木　まずピューリタンですけれども、要するに『聖書』の理想を実現しようと燃えてるわけですよね。それで、彼らの考える理想国家をまずアメリカに築いて、それをできれば全世界に広げていきたいと、こう考えるわけですね。

共和党と民主党、支持しているのはどんな人？

砂山　いわゆる支持政党でいうとどういうことになりますか？

茂木　皆さん、お手元にメモ用紙をご用意ください。

砂山　講義っぽいですね。

茂木　ちょっと今回から本格的にやりますので。真ん中に縦に線を引っ張っていただいて、その線の左側の一番上に「民主党」と書いてください。

砂山　はい。左上に「民主党」。ということは右上に？

茂木　右上に「共和党」です。それで、その下に、「白人」と書きます。イギリスから渡っていった人たちを「白人」というんです。彼らは基本的に共和党のバックにつきます。

砂山　共和党支持者で、イギリスから渡った人たちを、いわゆる「白人」。

茂木　もちろんあとから、たとえばドイツとか北欧とかからも行きますけれども、最初に渡っていったのがイギリス系の人たちなので、英語をしゃべっているということですね。

砂山　はい。で？

茂木　で、民主党の下にまず「移民」と書いてください。

砂山　民主党の下に「移民」って書くんですか。だって、さっきも移民ですよね。

茂木　こっちは、「白人」のあとから来た移民ですね。十九世紀以降の新しい移民たちがメインです。たとえば、イタリア系、あとはユダヤ人、あとはヒスパニック。ヒスパニックっていうのはスペイン語をしゃべってるっていう意味です。これは主にメキシコとか中南米からの移民です。あとは中国系。

砂山　チャイナタウンとかいいますよね。

茂木　そうですね。日系人もここに入るんですけれども、日系人は数が少ないのではとんど影響はないんです。そして、ちょっと離してその下に「黒人」と書いてください。これが基本的に民主党の支持母体です。

砂山　なるほど。では最初に行った人たちは共和党、あとから行った人たちは民主党。ざっくり言うとそういうことになるわけですね。考え方も随分違う？

茂木　違いますね。やっぱりあとから来た人のほうがまだ貧しい人が多いじゃないですか。そうすると、どうしても生活が苦しいから政府に面倒を見てもらいたい。福祉をたくさんやってほしい。あるいは医療費を下げてもらいたい。政府に福祉をやってほしいから、他のことにお金をかけてほしくない。たとえば戦争なんてまっぴらごめんだと。だから軍縮してほしい。他の国とはトラブりたくない。ロシアとも中国とも仲良くしたい。

砂山　国際協調。

茂木　こういう考え方をグローバリズムと言います。国境を超えて、地球（グローブ）を一つにしようという考え方。

砂山　これが民主党の考え方ですね。

茂木　これが民主党です。非常に理想主義、平和主義。

砂山　では逆に、今度は共和党のほうは？

ここがポイント

- ✓民主党の支持者は、福祉国家と国際協調を望む。
- ✓共和党の支持者は、個人の自立と一国主義を望む。

茂木　共和党のほうは、まずはもともと西部開拓農民の気質が残っています。西部開拓農民の頃のアメリカは、もうまったく政府は国民の面倒なんか見ません。もう勝手にやれと。そうすると先住民が襲ってきても勝手に戦えと。だからみんな一家に一本武器を持っていると。鉄砲を持ってて、お父さんが鉄砲撃つのは当たり前と。自分の身は自分で守れ。保険も年金もいらねえと。こういう考えですね。

砂山　なるほど。オバマさんが医療保険制度改革の「オバマケア」をやろうとしたら、ものすごい反対を受けたそうですが、この反対した人たちというのは自分の将来は自分で切りひらくというフロンティア精神を持った人たちなんですね。

茂木　そうです。フロンティア精神というのは、開拓農民気質のことですね。「おれたちは自分の身は自分で守ってきた。あとから来た連中は、なんで政府に面倒を見てもらうんだ、甘えてんじゃねえ！」っていうことです。非常にリアリスティックな考え。

砂山　やっぱり歴史がいまにつながってるわけですよね。

茂木　そういうことです。

二〇一六年大統領選、「トランプ現象」はなぜ起きたのか？

砂山　共和党を支持するほうの気質っていうのは、開拓者精神の他に何かありますか？

茂木　もう1個ありまして、ピューリタンですよね。これは聖書に書いてあることは全部正しいという人たちです。最近よく「イスラム原理主義」っていいますけれども、こちらは「キリスト教原理主義」っていうことです。

砂山　そうなんですね。

茂木　もう毎週、絶対日曜日は教会に行きますと、『聖書』が心の支えみたいな、そういう人たちです。

砂山　もともとルーツはピューリタンですもんね。

茂木　アメリカは、特に南部や中西部の州は、いまでもとても宗教的です。キリスト教原理主義の影響がものすごく強いんです。神が人類をつくったという『聖書』の教えに反するから、という理由で、人類がサルから進化したという進化論を教えない学校もたくさんあります。ヨーロッパや日本のほうが、はるかに世俗的というか、政教分離が進んでいますね。

砂山　大統領就任式では、聖書に手をついて宣誓しますね。

茂木　そうですね。それから選挙のたびに、候補者は妊娠中絶と同性愛について、立場を明確にすることを迫られます。これも原理主義の人たち、「宗教右派」といいますが、彼らが妊娠中絶と同性愛に猛烈に反対しているからです。

砂山　『聖書』の教えに反するから、と。

茂木　そうなんです。

砂山　ということを踏まえまして、二〇一六年アメリカ大統領選挙の候補者についておさらいしましょう。民主党の候補者は誰でしたか？

茂木　民主党はヒラリー・クリントン。元大統領夫人で元国務長官、国務長官っていうのはアメリカの外務大臣ですね。

砂山　で、共和党は？

茂木　不動産王ドナルド・トランプです。
砂山　結構過激なことを言う人ですね。不動産で稼いだ人ですね。
茂木　はい。金持ってます。
砂山　お金はある。資金力はあるわけですよね。
茂木　個人資産1兆円ですから。この人は。
砂山　相当ですね。
茂木　しかも、4回倒産してると。4回倒産して這《は》い上がっていま1兆円ですから、有能は有能ですよね。
砂山　有能だし、打たれ強いですね。
茂木　打たれ強いです。めげないです。
砂山　トランプさんの支持者は、当然、富裕層ですね。
茂木　いや、そうじゃないんです。白人の貧困層、プア・ホワイトっていうんですけど、高校出て、肉体労働やってるような兄ちゃんたちです。アメリカでは貧富の格差がどんどん開いていて、これまで共和党を支えてきた富裕層、大銀行とか財閥とか、そういう人たちに対する「草の根の反乱」みたいな運動が起こっているのです。大企業は労働者を安く使いたいので、外国人労働者、移民を歓迎してきました。その結果、白人労働者の賃金も下がってしまい、プア・ホワイトは怒っているわけです。

砂山　なるほど。トランプさんが「移民は入れない！」と言うと彼らが熱狂するんですね。

茂木　不法移民が押し寄せるメキシコ国境に「グレート・ウォールを築く」とまで言ってます。グレート・ウォールというのは、万里の長城のことです。

砂山　本来、貧困層に優しいのは民主党でしたよね。

茂木　その民主党のヒラリー候補が、財界から莫大な政治資金をもらっているのがばれちゃった。そこで民主党からバーニー・サンダースという、自称「社会主義者」のおじいちゃん候補が出馬して、金持ちに課税して大学生の学費を免除する、と言い出しました。ヒラリーは大慌てです。結局、貧困層の票が、トランプとサンダースに流れているのです。

世界を仕切ってきた5人のボスたち

砂山　アメリカ大統領が変われば、世界への影響も大きいですよね。

茂木　オバマさんは平和主義、彼はノーベル平和賞をとっちゃったもんですから、みんな仲良くの世界ですよね。でも戦争っていうのは相手がいるのです。こちらが平和主義でも相手がやる気満々だったら、戦争は起こります。オバマ政権8年間の間に、ロシアはクリミアを併合し、中国は南シナ海に軍事基地をつくり、ＩＳはテロをエスカレートさせました。

砂山　ヒラリー・クリントンが大統領になれば、この平和主義が続いて。

茂木　ヒラリーはオバマほど脳内「お花畑」じゃないです。彼女は国務長官をやった結果、「やっぱり中国って、やばいじゃん」ってわかってきたんですね。だからオバマよりはちょっと共和党寄りになりますね。

砂山　でも、確かにオバマさんがやっている間に中国の台頭、もちろん経済的な発展もありますけど、中国がどんどん、どんどん……。

茂木　海へ出てきましたね。あとロシアもそうです。

砂山　より大国になろうという。ロシアもそう。

茂木　ロシアはシリア空爆を始めましたからね。アメリカは見てるだけでしたからね。

砂山　もしこの8年、共和党だったらそういう流れではなかった？

茂木　はい。いまの世界を簡単に言いますと、暗黒街のボスが5人いるという感じですね。

砂山　ボスが5人いる。

茂木　ボスが5人いて、お巡りさんがいない街ですね。

砂山　いままではお巡りさんはアメリカが務めていたけれども。

茂木　いやいや、アメリカは一番大きい「組織」ですから。

砂山　その一番大きい組織のボスがオバマさん。

茂木　そのオバマさんが、どうにも弱気なんです。それを見た組織のボスたちが、「いまがチャンス！」とやりたい放題を始めた。こういう図式ですね。

砂山　なるほど。なんかわかりやすいたとえになりましたよね。5人のボス、これはもう聞かないほうがいいですか？

茂木　いや、聞いていいですよ。国連の五大国ですから、アメリカ、ロシア、中国、イギリス、フランスですよ。これらはみんな核保有国です。

砂山　共和党が勝って、トランプ政権になって、この状況は変わりましたか？

茂木　いいえ。「世界の警察官、やーめた」と言っちゃったのがオバマですが、トランプもモンロー主義です。「ドイツも、日本も、韓国も、自国の防衛は自分でやれ。アメリカはもう、面倒を見ない」と公言しています。米国・カナダ・メキシコの自由貿易協定であるNAFTAをやめて、各国が自由に関税をかけられるようにしました し、日本や東南アジアを含む自由貿易協定のTPPからも、トランプは抜けました。

砂山　まさに「アメリカ一国主義」。

茂木　トランプのいう「アメリカ・ファースト（第一）！」です。

砂山　トランプ時代に、日米関係も悪くなりましたか？

茂木　逆です。日本側に安倍晋三という総理大臣がいて、いろんな評価はあるでしょうが、外交の天才でした。

安倍さんは二〇一六年の大統領選でトランプ勝利が確定すると、すぐにニューヨークのトランプタワーに会いにいき、通訳だけ交えて話をしたのです。特に中国の軍拡が止まらないこと、日米にインドやオーストラリアも加えて対中包囲網を作らなければ、米国の太平洋支配も揺らいでしまうことを話したようです。

もともとビジネスマンで、外交には疎《うと》かったトランプを目覚めさせたのは、実は安倍さんでした。これ以来、トランプ・安倍がガッツリ手を組み、日米関係は最高によくなったのです。

砂山 そのトランプが、2020年の大統領選挙で……。

茂木 負けました。コロナ禍の中の奇妙な選挙でしたが、とにかく負けた。そうして、民主党オバマ政権の副大統領だったバイデンというおじいちゃんが、大統領になりました。この選挙期間中、安倍さんも体調不良を理由にやめています。

砂山 また振り出しに戻った感じですね。さあ、刺激的な講義でした。「アメリカ大統領選挙後の世界はどう変わる?」というテーマで講義をしてもらいました。

［茂木のワンポイント］地政学

- アメリカは、地政学的には「島」である。
- 「島」にこもるのがモンロー主義、積極的に外にでていくのが「ウィルソン主義」。
- 民主党は福祉国家グローバリズム。
- 共和党は国民の自助努力を求め、一国主義。

第3章

日米戦争も日米同盟も、目的は「あの国」だった！

アメリカにとっての「お隣さん」は、いつから日本になったのか？

砂山　過去2回この地政学の講義を受けまして、地政学の基本は隣り合う国はもめるという、「お隣さん問題」でしたよね。

茂木　そうなんです。

砂山　前回のお話で、アメリカ大陸に安全を脅《おびや》かすような大国はないから、アメリカは「島」なんだということでしたね。

茂木　アメリカにとって、カナダやメキシコは敵じゃないですからね。

砂山　カナダ、メキシコとは今は国境紛争もないし、アメリカにお隣さん問題はない、ということでよろしいんですよね。

茂木　でした。

砂山　でした？

茂木　はい。

砂山　今回の話は違う？

茂木　違う。

砂山　なんでしょう？

茂木　今度は、日本がアメリカのお隣さんになっちゃった。

砂山　だいぶ離れてますけど。

茂木　しかも「かなりきわどいお隣さん」になっちゃったという、アメリカの安全を脅かすような……。

砂山　アメリカのお隣さんは日本だったと。

茂木　はい。いまから簡単な図を描いていただきます（61ページ）。

砂山　みなさん、メモをご用意ください。

茂木　では、メモ用紙の左上に「日」と書いて丸を付けます。これは日本ですね。左下に「F」と書いて丸をつけます。これはフィリピンです。「日」と「F」の間に「T」と書いて丸、これはわかります？

砂山　台湾。

茂木　台湾です。

砂山　じゃあ、丸、台でもいいですね。でも台風みたいになっちゃうか。

茂木　いま左側に「日」「T」「F」と並びました。それから右上に「H」と書いてください。

砂山　メモの右上に「H」。

茂木　右上の「H」と左下の「F」のちょうど真ん中、紙の真ん中ですね。ここに小さく「G」と書いてください。「H」と「G」ってわかります？

砂山　アメリカがこのメモでいうと右側にあるとすれば……。

茂木　いまちょっとアンチョコ見ましたね（笑）。

砂山　はい。ハワイとグアムですね。

茂木　そうですよね。「H」がハワイ、「G」がグアム島です。

砂山　だから、日本、フィリピン、台湾、グアム、ハワイ、その東がアメリカ本土と。

茂木　それで、砂山さんにちょっと質問ですけれども、日本とアメリカって戦争しましたね。たしか、日本がどこかの米軍基地を叩いたのが始まりですよね。

砂山　ハワイ、真珠湾。

茂木　そうなんですよ。ということは、ハワイってアメリカなんですか？　いつからアメリカなんですか？

砂山　いまはアメリカの州になってますね。でもハワイ人っていますねえ。

茂木　そうなんですよね。ハワイってもともと王様がいまして、独立国でした。ハワイ王国っていう立派な国がありまして、カメハメハ王朝っていったんですよ。それをアメリカが乗っ取ったんですね。これが一八九八年。

砂山　ハワイ併合が一八九八年。

茂木　日清戦争のちょっと後です。日清戦争で日本が取ったところ、知ってます？

砂山　台湾。

茂木　台湾。日清戦争で日本が台湾を取ったのが、一八九五年です。

砂山　下関条約でしたね。

茂木　はい。ということは、日本が台湾を取った3年後の一八九八年に、アメリカがハワイを取ったんです。と同時に、グアム島とフィリピンも取ったんです。アメリカが。

砂山　ちょっと西へ寄ってきて、日本に近づいた感じですね。

茂木　そうすると、ハワイ、グアム、フィリピンをアメリカが取った、日本が台湾を取った結果、台湾とフィリピンというのはお隣ですよね。その結果、日米が隣国になったわけです。

砂山　なるほど。確かに隣国になりましたね。これはいわゆるアメリカがハワイ、フィリピンを取りに行ったっていうのには、地政学的な理由があるわけですね。

茂木　はい。

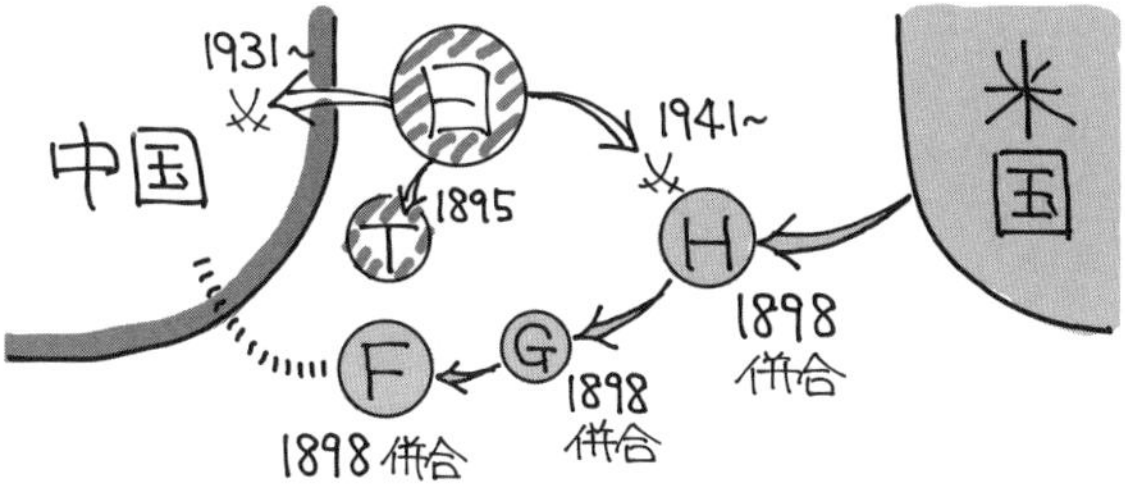

▲19世紀末～20世紀前半

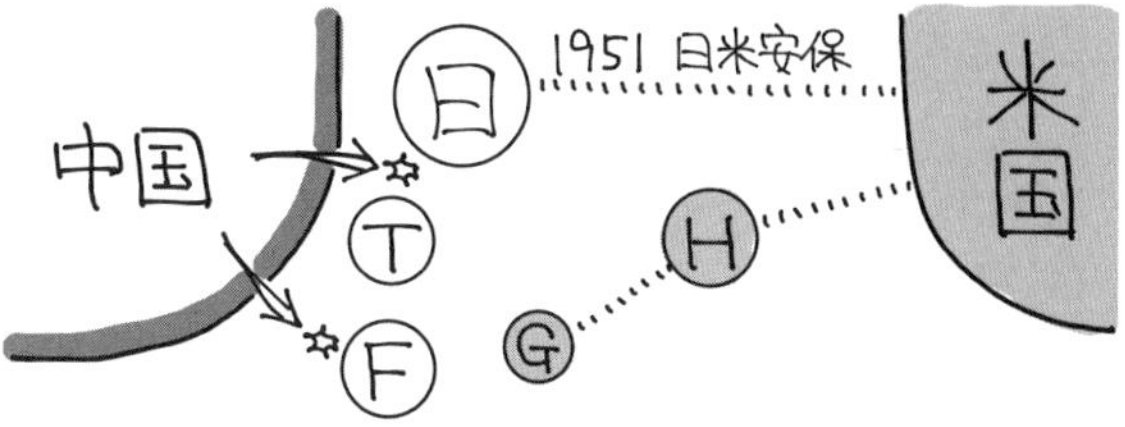

▲第二次大戦後～21世紀初頭

砂山　どういう理由でしょうか？

茂木　中国です。

砂山　中国？

茂木　はい。

砂山　……ポカンとしてしまいましたけど。

茂木　中国に何の用事があるかということですよね。アメリカさんが。

砂山　経済ですか。

茂木　はい。アメリカはもう当時世界ナンバーワンの工業国で自動車も鉄鋼も石油製品もナンバーワンでした。工場でつくったものが余っていて、それをどこかで売りたい。人口が一番多いのはどこかというと、チャイナ。チャイナマーケットを押さえておきたいということですね。

砂山　だから、アメリカにとっての競争相手は日本になるということですね。

茂木　日本がライバルなんですね。結局は。大雑把に言うと。

過去も現在も、日米関係は常に「中国問題」である

砂山　日本はアメリカをどう見てたんですか？

茂木　日本は、っていうか、アメリカが日本のことを非常に怖がっていたんですよ。日清戦争のあとに日露戦争っていうのがありまして、日本海軍がロシア海軍に圧勝します。強すぎるんですね。ただ、アメリカにとってもロシアは脅威ですから、日本の勝利を表向きは歓迎し、講和会議を仲介したりしたんですけど。

砂山　ポーツマス会議、ですね。

茂木　はい。それと同時にアメリカ海軍はどうすれば日本海軍に勝てるかという研究を始め、「オレンジ計画」という対日作戦計画を練っているんです。ところが、日本海軍とアメリカ海軍が同じ数だったらアメリカは絶対負けると、何度シミュレートしてもそうなんです。だからなるべく日本海軍の数を減らしていって、だいたいアメリカが10で日本が6ぐらいだったら、ほぼ勝てるというプランをつくります。それで、日本に対して軍縮を迫るんですね。

砂山　そういうのを歴史の教科書で読んだ記憶があります。

茂木　ワシントン会議といいますが、ここで最初の海軍軍縮条約を結びます。このとき、米・英・日の戦艦保有率を5：5：3に制限したんです。日本海軍は猛反対したんですが、政府の国際協調派が条約にサインしてしまった。

砂山　アメリカが10に対して日本は6、アメリカの計画通りですね。

茂木　その数年後に世界恐慌っていうのがありました。ものすごい不景気が世界を襲いまして、各国はものが余ってるからどこかに売らなきゃいけないと。たとえばアメリカでしたら、中南米が完全に自分のマーケットです。イギリスやフランスはアフリカや中東ですよね。日本もそういう独占的なマーケットが欲しい。ところが、日本の植民地っていうのは、朝鮮、台湾しかない。日本より狭いと。もっと広大な日本の独占的なマーケットにしたい、と考えて始めたのが満州事変ですね。アメリカのマーケットに日本が割り込んできて、アメリカ製品を追い払っちゃうことになります。

砂山　となると、アメリカとしては困る。

茂木　アメリカとしては困る。だから中国の蔣介石《しょうかいせき》政権を軍事援助する。仏領インドシナ、今のベトナム経由で石油や武器を送りました。逆に、日本に対しては「中国から出ていけ」と迫る。「出ていかねえんだったら石油止めるぞ」と脅す。実際に止めたんですね、石油を。それで日本は、そこまで追い詰めるならやるしかないと、真珠湾攻撃になったんですね。

砂山　要は太平洋戦争とは、中国市場をめぐる戦いだった。

茂木　そうです。もう日米関係っていうのは常に、昔もいまも「中国問題」です。

地政学が予言していた第二次世界大戦後の世界

砂山　結果としてはアメリカが勝利したわけですよね。で、大戦後の話にいっていいですか？

茂木　はい。

砂山　第二次大戦後、いわゆる戦後の世界っていうのは、地政学の世界ではどんなふうに見られていたんですか？

茂木　まず、日本が完全に負けまして、日本列島が米軍に占領されて、いまでも米軍基地がありますから、もう完全に日本がアメリカの付属物になりましたね。日本に基地を置くことで、今度はアメリカと中国がお隣さんとなったわけです。

砂山　地政学的には。

茂木　そうですね。日米安保っていうのは日米が軍事的に一体化したわけですから。あと大戦後、中国で内戦があって、毛沢東の共産党政権になりました。負けた蔣介石政権は、日本が手放した台湾に逃げてきて、アメリカのほうにつくわけです。それからフィリピンは、アメリカから独立したけれどもずっと米軍基地は残っていたので、戦前と変わらずアメリカの勢力圏です。

砂山　西太平洋も全部アメリカが取っちゃったということですね。

茂木　そもそもなんで日米が戦ったかというと、中国マーケットの奪い合いでした。それで、アメリカが日本をやっつけて、さあ、これから中国に対してどっと商売しに行こうと思ったら、中国共産党が勝っちゃったと。

砂山　中国の内戦で。

茂木　日本が負けた4年後ですよね。共産党政権っていうのは当時のソヴィエト、ロシアと同じで、全部貿易も何もかも共産党がコントロールすると。「アメリカの商品買わねえ」ということだったので、中国マーケットが閉じてしまった。すると何のために日米戦争をやったのかわからないと。それで、「共産党、この野郎！」ってなったアメリカは、冷戦っていってアメリカが、ロシアと中国を敵と見なして囲い込む、包囲するっていうことです。

砂山　それで最終的にはいわゆる東西冷戦で、アメリカは勝ったわけですよね。

茂木　いや、その前に、ベトナム戦争で大失敗しています。ベトナム戦争も中国包囲網の一環だったんですが、アメリカが北ベトナムに負けました。もう中国包囲網ができないと。そこで次に考えたのは、ロシアと中国を喧嘩させようという作戦です。

砂山　敵同士を争わせる。

茂木　はい。実は、アメリカはロシアのほうが怖いんですね。核兵器をいっぱい持ってるから。だから中国をうまく丸め込んで、アメリカのほうに引っ張り込もうとしたんですね。それがニクソン大統領のやったことで、ニクソン訪中といいます。毛沢東さんと固い握手を交わした一九七二年に、米中関係はガラッと好転しました。
砂山 ということは、ロシアと中国がくっついていたのをひっぺがしたわけですね。
茂木 ひっぺがした。
砂山 日本の役割はどうなったんですか？
茂木 米中関係が好転したため、日本はもういらないんですよね。
砂山 そう言われると悲しいですけど。
茂木 そうなんですよ。だから、七二年のニクソン訪中っていうのがものすごく意味があって、実はこのときにもう日米安保体制っていうのが揺らいじゃうんですよね。沖縄返還に応じたのもこの直後です。中国の脅威が薄れたので、沖縄の地政学的価値が低くなったからです。
砂山 だんだん見えてきたものもありますね。それで、残念ながら日本の価値は下がりました。というあたりで、貿易でもめてましたよね。
茂木 そうそう。だから、このあとこのへんから日米経済摩擦っていうのがひどくなってくるんですね。

砂山　今度は経済的なライバルになっていく。

茂木　日本の自動車メーカーがアメリカに車を売りまくって、アメリカの自動車メーカーがどんどんどんどん赤字になっていって、「日本は敵だ」ってなってきますね。それに対して中国さんはアメリカ製品を買ってくれるいいお得意さんで。

砂山　中国経済の急成長もこの辺からですか？

茂木　はい。毛沢東が死んで、鄧小平《とうしょうへい》が資本主義導入に舵《かじ》を切ります。改革開放政策です。

砂山　このあとに、いわゆる米ソ冷戦の終了というのを迎えるわけですけど、これまたいわゆるお隣さん、ロシアが方針転換しますよってなって、アメリカの戦略は変わるわけですか？

茂木　ただ、ロシアっていうのはあんまりマーケットの価値はないんですよね。だって、中国の人口がいま14億ですよね。ロシアは1億5000万しかいません。

砂山　あんまり経済的には……。

茂木　価値がない。

砂山　マーケットだとは思ってない。

茂木　そう。だから、アメリカの産業界や銀行さんはやっぱり中国が大事ということですね。

アメリカ国内の「親中派」と「反中派」

砂山　冷戦後、中国がますます台頭してきますよね。アメリカにとってどんな位置づけになったんでしょうか？

茂木　アメリカはもともと世界ナンバーワンの工業国だったんですが、工業では日本とドイツに負けまして、完全にもう輸出は伸びないんですよね。そのあとどうしたかというと、アメリカはものを売るんじゃなくて金を貸す、金融ですね。後進国に投資をして、鉄道をつくったり港をつくったり工場をつくったり、その利益を吸い上げるっていう、金融に移っていったのがだいたい八〇年代ぐらいからですね。そうすると中国はまだまだ途上国ですから、アメリカの銀行さんにとっては投資先としてはおいしいと。いま上海にビルがバンバン建ってて、あれもほとんどがアメリカと日本の資本ですから、やっぱり中国っていうのは「おいしい」と。

砂山　これがいわゆる金融の視点から。

茂木　いわゆる金融資本っていう、アメリカのニューヨークの銀行さんですよね。この人たちは、とにかく中国が大事。

砂山　アメリカ政府は？

茂木　七二年のニクソン大統領の訪中プランをつくったのがキッシンジャーっていう人です。砂山さん、アメリカ合衆国で一番偉いのは誰ですか？

砂山　アメリカ大統領。

茂木　大統領ですね。次は？

砂山　副大統領。

茂木　そうですね。もし大統領が死んじゃったら副大統領ですね。次は下院議長なんですけど、その次は？

砂山　最初のオバマ政権のときにヒラリー・クリントンさんがナンバーツー的なポジションで立ってたような気がするんですけど、あれは何でしたっけ？

茂木 ヒラリーさんはどういう役職でしたっけ？

砂山 国務長官？

茂木 国務長官ですね。アメリカの実質ナンバーツーは国務長官といいます。これは日本でいうと外務大臣みたいなものです。

砂山 国務長官は外務大臣みたいなもの。

茂木 そう。だから国務省っていうのは外務省です。それでそのキッシンジャーという人は外交のプロでしたので、国務省にすごい影響力があるんですよ。国務省の中にキッシンジャー派っていうのがいまして、この人たちは中国を味方につけてロシアを追いつめようと、こういう考えです。だから国務省も基本的に「親中派」ですね。

砂山 金融資本と国務省が「親中派」。そのほかは？

茂木 逆に「中国は敵だ」っていうグループもいます。それは冷戦中に力を持った軍需産業、武器メーカーです。砂山さん、飛行機メーカーってどんなのがありますか？

砂山 ボーイング。

茂木 ボーイング、他に？

砂山　ＭＤみたいなのがありましたよね。マクドネル・ダグラスでしたっけ。

茂木　そうですね。あとロッキードとか。ボーイング、ロッキード、ダグラスっていうのは、あれは飛行機もつくってますが、実は武器メーカー、軍需産業です。冷戦中にはもうミサイルをつくりまくってぼろ儲けしてたんですね。ですから、彼らは敵がいないと困るんですね。武器が売れませんから。ソ連が倒れたあと、敵がいないと困っちゃうのです。「やっぱり中国やばいじゃん。危ねえじゃん」っていうことで対立をあおる。その人たちとくっついているのがアメリカ軍の指揮を執《と》っている役所ですが、何といいますか？

砂山　国防総省。

茂木　素晴らしい。国防総省ですね。ペンタゴンっていいます。あの五角形のビルですね。だから、国防総省と軍需産業は「中国は敵だ」と考えていると。

砂山　アメリカの中でも、「中国は味方だ」っていう人たちと、「中国は敵だ」っていう人たちがいるわけですね。

茂木　そう、そう。

砂山　中国は地政学的に見ると日本のお隣さんですよね。お隣さんとはあんまり仲良くないっていうのが地政学の考え方ですけど、日本と中国が衝突をしてしまった。このときに地政学で見るとアメリカはどういう姿勢をとるんでしょう？

茂木　そのときになってみないと、わかりません。

砂山　まあまあ、実際はね。そりゃそうですよね。でも、日米安保条約ってあるじゃないですか。

茂木　日米安保条約の第5条。日本が武力攻撃を受けた場合、日米両国は「自国の憲法上の規定及び手続に従って共通の危険に対処するように行動する」、これだけです。

砂山　「アメリカは日本を助けてくれる」って書いてないんですか？

茂木　書いてありません。「対処する」とは、米軍の参戦なのか、軍事援助なのか、口頭で相手国を非難するだけなのかは、そのときのアメリカ政府と議会が決定することです。

砂山　大統領が誰かによって変わると。

茂木　アメリカは独裁国家ではないので、選挙によって政権が変わるじゃないですか。前回お話ししたように、民主党っていうのは国内、福祉をやりたいんですよね。だから戦争を避けたい。オバマさんがそうですよね。ずっと。

砂山　戦争よりも福祉。

茂木　共和党は逆ですから、どんどん出ていけみたいなことになる。だから、共和党と民主党のどっちが政権をとるかによって変わりますし、そうすると、さっきの話とまとめると、「中国と喧嘩はやめようね」っていうのがまず民主党、それから金融資本、銀行さん、それから国務省ですね。逆に、「中国と対決する」っていうのが共和党、それから軍需産業、武器メーカーですね。あとは国防総省と。

ここがポイント

✔日中が軍事衝突したとき、アメリカがどういう態度をとるかはわからない。

砂山　だから、選挙でどっちが政権をとるかでアメリカの世界戦略はガラリと変わるという。なんとなく、共和党のほうが対中強硬っていう感じですよね。

茂木　原則的にはそうですね。ただし、初めて訪中したニクソン大統領は共和党でしたが、側近が親中派のキッシンジャーだった。その大統領のキャラクターとか、外交アドバイザーにどういう人がつくかとか、そういうことに左右されるんです。だから、アメリカ大統領選挙の結果というのは、日中関係にも重大な影響を及ぼすことを知っておくべきでしょう。

地政学
［茂木のワンポイント］

- アメリカの中国市場進出を日本が脅かしたことが、日米戦争の原因となった。
- アメリカにとって中国は常に市場・投資先である。
- アメリカの金融資本・国務省・民主党が「親中派」、軍需産業・国防総省・共和党が「対中強硬派」。

第4章 「ランドパワー」中国の最大の敵は？

そもそも「中国」とは何なのか？

砂山　今回は中国です。著しい経済成長で存在感を増し、いまやアメリカと肩を並べるポジションを目指すこの大国は、どんな行動原則に突き動かされているんでしょうか。地政学的にも日本が避けて通れない中国の謎を読み解いていきましょう。

世界史の授業をぼくは高校のときに受けてたんですけど、漢字一文字のいろんな王朝の名前が出てきますよね。秦《しん》とか漢《かん》とか隋《ずい》、唐《とう》、宋《そう》、元《げん》、明《みん》、清《しん》、これでいいですか？

茂木　細かく分ければもっといっぱいあるんですけれども、とりあえずこれだけは覚えましょうっていうのが秦、漢、隋、唐、宋、元、明、清ですね。

砂山 ひとまずここだけは覚えて。

茂木 いま8つ言いました。実はこの中で本当の中国人、漢民族の王朝は、3つだけです。

砂山 確かに元とか清は異民族っていうイメージがありますけど、いま8つ挙げたうちの3つしかいわゆる我々が考える中国人の王朝はない？

茂木 そうですね。3つっていうのは漢王朝、宋王朝、明王朝。これだけです。

砂山 この3つだけ。

茂木 はい。

砂山 あとは？

茂木 あとはモンゴル高原や満州の原野から侵入した遊牧民、騎馬民族なんです。

砂山 遣隋使の隋とか遣唐使の唐とかありましたけど、あれも？

茂木 皆さん、中国人と思ってますよね。あれも違うんです。

砂山 そうなんだ。

茂木　あれは鮮卑《センピ》という北方民族です。漢民族の血もかなり入ってますけど。

砂山　純粋な漢民族の王朝は、漢、宋、明しかなかった。

茂木　そうですね。始皇帝の秦も、祖先はやっぱり遊牧民ですから。

砂山　そうなんだ。では、あの広大な土地をいろんな民族が支配してきたっていうことになると思うんですけど、地政学、ひと言でいうと「厄介なお隣さん問題」であると。毎回そういうお話を聞きますけど、中国にとってのこの「厄介なお隣さん」っていうのは何になるんですか？

茂木　図を描いたので見てください（83ページ）。真ん中に中国があります。上を南にしました。

砂山　南北逆転ですね。

茂木　逆です。

砂山　ぼくがちょっと読みあげましょうか。南が上になってて、一番南にあるのがベトナム（越）ですね。右のほうにちょっと時計回りで行きますけど、インドがあって、インドのところに山があって。

茂木　あれはヒマラヤですね。

砂山　はい。時計回りでチベット、ウイグル、モンゴル、満州。

茂木　で、朝鮮。

砂山　で、日本、台湾、フィリピン。時計回りでそういう並びになると。これは南が上になっているのにも理由がちゃんとある。

茂木　このほうがわかりやすいんですね。人間は進行方向を画面では上にしたほうが、実感が湧くんですよね。車のナビの画面がそうなってますね。

砂山　見慣れた地図とは真逆になってますけど。

茂木　中国を家にたとえると、北側の寒いところに非常に厄介な隣人がいる。これが遊牧民っていうやつです。寒くて農業ができないので、いつもお腹《なか》が空《す》いています。

砂山　なかなか農作物は育ちにくいところですよね。

茂木　はい。人間、腹が減ると荒っぽくなります。しかも草原には馬がいるんです。だから馬にまたがって、「おい中国、お前のところは日当たりがよくてあったかいんだから、食いものよこせ」とか言って、しょっちゅう攻めてくるんです。

そこで砂山さんにちょっと質問ですけれども。

砂山　何でしょう?

茂木　たとえば、ピラミッドといえば?

砂山　ピラミッドといえばエジプト。

茂木　エジプトですよね。たとえばヴェルサイユ宮殿というと?

砂山　フランス。

茂木　ですよね。と考えてくると、中国を代表する建造物は何でしょう?

砂山　万里の長城。

茂木　はい。あれは何ですか?

砂山　北方民族に、「これを越えてこないでね」っていう意味での壁をつくったわけですよね。

茂木　壁をつくったんですよね。あれだけ見てもどれだけ中国が北方民族を怖がっていたかってわかります。

砂山　確かに。ちょっと地図で見ると下がモンゴルになってますので、なんか背後に

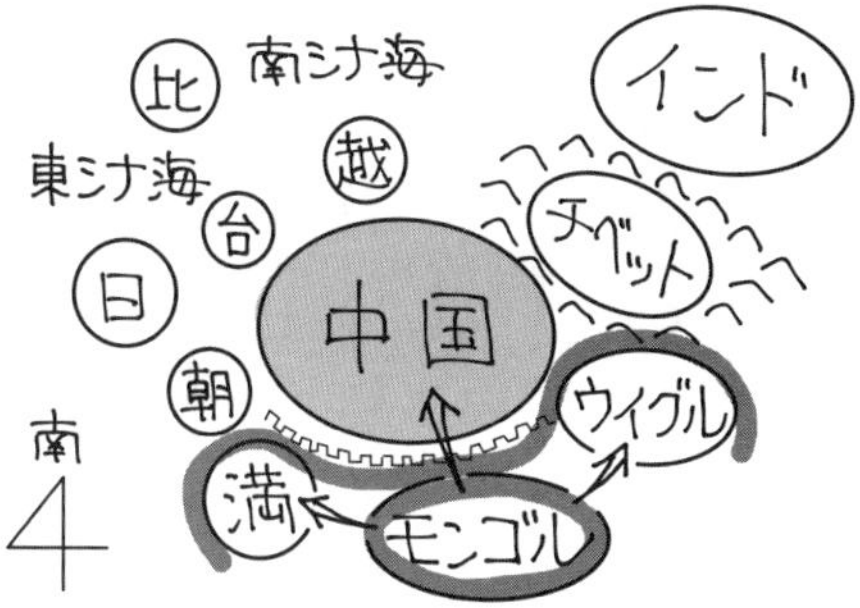

▲ 中国の地政学的位置(上が南)

▲ 19世紀後半～20世紀前半の中国

遊牧民がいるっていう。

茂木　不気味な存在がいて、前のほうはあんまり怖くないじゃないですか。みんな小さい国で。ベトナムとかフィリピンとかですね。

砂山　中国にとっては面積的にも小さいですよね。

茂木　だから基本的に中国人の国際感覚っていうのは、「北が怖い、背後が怖い、なんとかしなければ」っていうことです。

砂山　ということなんですね。要は、地続きのところが怖いっていうところを見ておけばいいわけですね。

中国は典型的なランドパワー帝国

茂木　はい。それで今回からちょっと本格的にやりますので、言葉を覚えてほしいんですけれども、「ランドパワー」「シーパワー」っていう言葉があります。

砂山　ランドパワー、シーパワー。地政学の言葉。

茂木　そうですね。「ランド」は陸、大陸。「シー」が海ですね。「パワー」が力です。

だから陸の力、海の力っていうことで、「大陸国家」「海洋国家」と訳します。

砂山　中国の場合は？

茂木　両方面ありますけれども、怖いのが背後の内陸なので、やっぱり自分たちも馬に乗って戦わないと負けちゃいますから、基本的に中国はランドパワー。もう典型的なランドパワーです。

砂山　中国はランドパワー。海の戦いよりも陸の戦いをしてきた国。

茂木　そうなんです。じゃないと生き残れない。

砂山　ということなんですね。基本的に中国っていうのは陸での戦いしか想定してい

ここがポイント

✔ **地政学は、大陸国家ランドパワー、海洋国家シーパワーのせめぎ合いとして世界を見る。**

ない国だったということですか。

茂木　そうなんですね。『孫子の兵法』って有名じゃないですか。あの中に海の戦いは出てこないんですよ。

砂山　確かにそうです。ぼく、読んだんですけど。

茂木　全部、陸なんですよ。

砂山　そうですね。

茂木　それから、たとえば日本だったら古式泳法ってあるじゃないですか。

砂山　はい。泳ぎ方。

茂木　泳ぎ方。なんか立ち泳ぎとかあるじゃないですか。中国に伝統泳法とかあるのか。

砂山　聞いたことないですね。

茂木　そもそも、北中国のほうの人たちには、泳ぐ習慣がない。

砂山　そうなんですか。

茂木　砂山さんは、水泳はどこで覚えたんでしょう？

砂山　スイミングスクールで。
茂木　そうですか。日本ではほとんどの小学校にプールがありますよね。中国の小学校にはまずプールはありません。これは韓国も同じです。水がもったいないっていうこともありますし、そもそも泳ぐっていう文化がない。
砂山　ということなんだ。もうそれぐらいランドパワーの国っていうことですね。
茂木　そうなんです。

攻める、守る、買収する

砂山　とにかく北方の遊牧民族が怖い。その遊牧民族に対抗するために歴代の中国王朝は、ひとつ先ほど万里の長城が出ましたけど、どんな手を使って対抗してきたんでしょうか？
茂木　3つの戦略があるんですよね。1、攻める。2、守る。3、買収する。
砂山　すごい簡単に。攻める。やっぱり攻めたことは攻めたんですね。
茂木　はい。攻めるとだいたい負けます。遊牧民の強みっていうのは、移動するので都がない。だからどこまで攻めてもきりがない。補給が続かなくて負けちゃうと。
砂山 これが攻める。
茂木 はい。攻めるはだめだと。だから、さっきの8つの王朝のうちほとんどが北方民族だっていうのは、漢民族は負けてるんですよ。いつも。
砂山 守るは？
茂木 守るが長城ですね。長城を最初に完成したのは始皇帝ですが、特に漢王朝と、それから明王朝のときにこの長城を国境にして頑張ったと。
砂山 膨大な手間をかけて守りに入ったわけですね。
茂木 でも、あれだけ長いと、必ず突破されます。あんまり意味ないです。それで最後の手段。あとはもう買収すると。
砂山 買収っていうのは？
茂木 貿易を認め、贈り物をする。「メシ食わせるから攻めてくるな」。
砂山 こうやって北方民族に対抗しようとした。北方遊牧民族の代表格、まず思い浮かぶのがモンゴルですよね。

茂木 あれはもう最悪ですね。もう完敗しましたから、中国全土を取られましたね。

砂山 元ですよね。

茂木 フビライ・ハンですね。

砂山 モンゴルは日本も攻めて、確かベトナムにも行ってますね。

茂木 ジャワ島まで行ってますよ。ところがモンゴル人って泳げないんですよ。

砂山 遊牧民族ですからね。

茂木 だから、日本で元寇《げんこう》のときに台風が来ますよね。船が傾くともうだめなんですね。泳げないので。ランドパワーっていうのは海戦に弱い、勝てない、だいたい失敗する。

砂山 それで、元の次は何でしたっけ？ 明？

茂木 明です。明は頑張って中国人がモンゴル人を追っ払ってつくった王朝です。一生懸命一生懸命、長城のほころびを直してでかくしました。いま残っている長城は明の長城ですね。その分、海岸線の守りがおろそかになり、倭寇《わこう》という武装商人団が暴れます。

砂山　足利家の室町時代ですよね。日明貿易とかありましたね。

茂木　日明貿易は、日本との貿易を認めてもうけさせるから、海賊行為はやめてくれ、ということ。これも「買収」です。

砂山　さあ、いよいよ明のあとは、今度は清ですね。

茂木　清ですね。ちょっと清は変わった王朝で、これは遊牧民じゃなくて森に住んでる民族です。狩りを主にしていた民族ですね。満州人、女真族《じょしんぞく》ともいいます。ただ彼らも馬に乗っているので強力です。

砂山　やっぱりこの清もランドパワーですよね。

茂木　そうですね。この清がまた中国全土を押さえるんですけども、戦術の面で、画期的なことがあったんですね。ポルトガル人が伝えた鉄砲の普及ですね。騎兵と弓矢は時代後れになります。

砂山　日本では信長の鉄砲隊が武田の騎馬軍団を破りましたね。

茂木　中国ではもっと遅くて、モンゴル系の遊牧民が最終的に潰《つぶ》されちゃったのが十八世紀です。清の鉄砲隊に、モンゴルの騎馬軍団が負けちゃうんです。

砂山 これで中国の脅威、北方民族も撃退できた。

茂木 おとなしくなったと思ったのも束の間ですね。また新たな敵が現れます。

砂山 どこでしょう？

茂木 ロシアです。

砂山 そうか。満州の北、シベリアを占領したロシアがお隣になってしまった。ロシアも鉄砲を使っているということですよね。

茂木 はい。ロシアがどんどん、どんどん、モンゴルや満州に入ってきちゃうと。そうすると、今度は長城の北側がロシアになってくるんですね。

砂山 またまた北方の脅威ですね。

初めてシーパワー勢力が中国を襲ってきた！

茂木 はい。ところが十九世紀の清朝には、北からはロシアが迫り、南からはイギリス・フランスが攻め込んできます。この戦争が……。

砂山 アヘン戦争。

茂木　素晴らしい。これは台本になかったですね。アヘン戦争、アロー戦争。倭寇を除けば、初めてシーパワー勢力が中国を襲ってきたと。その次は日本との戦争です。

砂山　日清戦争。

茂木　はい。イギリスも日本も島国なので、シーパワーなんですよ。泳げるんですよ。中国は海上の備えがないので、もうボッコボコにやられますね。

砂山　そういう見方もあった。そうか。ランドパワーの国でも、シーパワーの国が攻めてくると弱さが出てしまうと。

茂木　そうなんですよね。背後からロシアが迫り、前面の海からイギリスと日本が迫ってくるって最悪な状況の中、国内では漢民族が独立運動を起こして、ボロボロになって倒れます。砂山さん、孫文ってご存知ですか?

砂山　はい。中華民国ですね。

茂木　中国国民党をつくった人ですね。清朝を倒して中華民国を建てますが、危機的状況は変わりません。ちょうどロシアでもレーニンが革命を起こして、共産党政権が発足し、孫文に「手を組もう！」とささやきます。

砂山　手を組んだんですか？

茂木　組みました。第一次国共合作といいます。孫文は、イギリスか、ソヴィエト・ロシアか、どっちかと手を組むしかないじゃないですか。でも孫文の死後、どっちと手を組むかで、もめちゃったんですよ。簡単にいうと。

「ロシアと組んで社会主義を目指そう！」って言ったのが毛沢東で、「いやいや、イギリス・アメリカと組んで投資を呼び込もう！」って言ったのが蔣介石です。

砂山　それで結局内戦が。

茂木　内戦が起こっちゃって、そこに日本も攻め込んで三つどもえになってしまって、もうぐっちゃぐちゃです。

砂山　これが日中戦争になるわけですけど。

茂木　そうですね。中国にとってラッキーなことは、今度はシーパワー同士が潰し合いを始めたと。

砂山　これは前回の話でも出てきましたね。日本とアメリカ。

茂木　そうそう。アメリカとイギリスはつるんでいるので、日本対米英というシーパワー同士がぶつかっちゃったので、中国はほっと一息と、やれやれと。ロシアもほっと一息と。

砂山　ロシアも？

茂木　ロシアは要するに中国をランドパワーで呑《の》み込みたいんですよ。シーパワーの日本とイギリス、日本とアメリカが戦ってくれれば「しめしめ」っていう話なんです。このときのロシアの指導者がスターリンという非常に頭のいい人で。

砂山　でも結局ロシアは出てこなかったですよね。

茂木　直接は出てこないです。毛沢東を使って間接支配しようっていうことです。

砂山　なるほど。こうして中国共産党が勝利した、という話ですね。次回も中国の続きです。

地政学〔茂木のワンポイント〕

中国にとって最大の脅威は、遊牧民やロシア帝国、北方のランドパワーだった。

十九世紀には、海からシーパワーのイギリス、日本に攻め込まれ、清朝は崩壊した。

二十世紀前半には、ソヴィエト・ロシアと組む共産党と、米英と組む国民党が内戦を続け、共産党が勝利した。

第5章 なぜ、中国は今、海に進出しようとするのか？

結局、中国はシーパワーになれなかった

砂山　世界史と地政学で現在の国際情勢を読み解く茂木先生の講義、2回目の中国です。いまの中国は東シナ海や南シナ海への野心を隠しません。伝統的なランドパワーの中国が、なぜ、いま、海に進出しようとしているのか。地政学で読み解いていただきます。

前回の復習にもなりますけど、中国の歴代王朝、基本的には海には進出してこなかったんですよね。

茂木　どうしていま海に出るかっていうことは、逆に言うと、なんでいままで出なか

ったのかっていうことですね。

砂山　いままでは北方民族からの脅威、ここだけを考えてきた。だからあの『孫子の兵法』も陸戦のことしか書いてない。

茂木　そう。それであの巨大な長城をつくることに国家予算を傾けて、海軍はつくらないんですよね。海には出てこなかった。ちょっと、今日は砂山さんに質問します。

砂山　何でしょう。

茂木　台湾、あれは島ですよね。台湾はいつから中国になったんでしょうか？

砂山　台湾はいつから中国に？

茂木　はい。では四択でいきます。1、漢王朝、紀元前ですね。2、唐王朝、日本でいうと平安時代ぐらい、奈良、平安ですね。3、明王朝、室町ぐらいですね。4、清王朝、江戸時代ですね。漢、唐、明、清、どれでしょう？

砂山　日清戦争で台湾が日本に割譲《かつじょう》って教わりましたので、清じゃないですか？

茂木　さすがです。正解。ピンポーンですね。

砂山　ほっとしましたね。毎回ドキドキする瞬間ですよ。

茂木 清朝です。それまで先住民や海賊の拠点だった台湾を、清朝が接収したんですね。つまり、江戸時代まで台湾を中国は取れなかったということです。あんな近いのに。

砂山 ですよね。

茂木 海軍がないんですよ。

砂山 鄭和《ていわ》の南海遠征っていうのは明のときでしたっけ……あれは例外ですか？

茂木 あれは商船団です。陶磁器や絹織物を貨物船に満載して、南シナ海やインド洋諸国を訪れ、朝貢《ちょうこう》を促したんです。移動見本市みたいなものです。「遠征」とはいっても、戦争が目的ではなく、大赤字を出したのでやめてしまいます。北方にはモンゴルの残党がいるので、明朝も基本的にランドパワーの王朝ですね。学問も儒学の一派の朱子学で、農業が正しいと、商工業は間違っている、劣っていると、商業蔑視思想ですね。

砂山 中国が、海から攻められた経験はどれぐらいあったんですか？

茂木 倭寇っていうのがありました。倭寇については学校で教わりましたか？

砂山　ひと言でいうと海賊みたいな。

茂木　海賊ですよね。あれは何人《なにじん》なんですか？

砂山　「倭」って入ってますから、日本人でしょうか。

茂木　日本人と思うじゃないですか。でも違うんですよ、それが。

砂山　違うんですか？

茂木　日本人は2割。あと8割は中国人です。明の歴史書にそう書いてあります。

砂山　そうなんだ！

茂木　ではどのへんの中国人かっていうと、やっぱり東シナ海・南シナ海の沿岸ですね。浙江《せっこう》、福建《ふっけん》、広東《カントン》のあたりの中国人が海に出てきた。この地域の人たちは昔から海に出ていたんですよ。だって漁業をやってますからね。でも彼らは中華帝国の主流派になれなかった。中央政府は陸の政権、ランドパワーですから商工業を抑圧するんです。勝手に商売するな、勝手に貿易するなって。これを海禁政策っていうんですが、これに反発した沿海部の連中が、「ふざけんな」って日本との密貿易を始めた、これが倭寇の実態です。

砂山　そうなんですね。いわゆる日明貿易の時代ですね。

茂木　そうです。これが東アジア版シーパワーの最初です。

砂山　秀吉の出兵っていうのもありましたね。

茂木　あれは鉄砲で武装した日本軍が、朝鮮半島経由で攻め込みました。ほとんど陸戦ですね。北京《ペキン》攻略を狙っていったのですが、日本側も補給が続かず、秀吉が死んだので撤退しました。シーパワー国家が大陸に深入りすると失敗するという教訓です。

砂山　その後、近代に入ると、海から攻め込まれるっていう経験が次々に来ますよね。

茂木　これがもう凄まじいですね。まずアヘン戦争、これは相手はどこですか？

砂山　イギリス。

茂木　イギリスですね。あとアロー戦争、これもイギリス、フランスですね。それから日清戦争ですよね。中国は負け続けますよね。海軍弱いので。

砂山　結局、列強に支配されるかたちになっていきますよね。そのあと、中華民国という国になりますが、蔣介石の国民党、毛沢東の共産党、この2つが内戦を始めると……。

茂木　教科書的には、社会主義を目指す毛沢東、共産党と、資本主義を目指す蔣介石、国民党なんて言ってますけれども、もっと簡単な話で、ランドパワーvsシーパワーです。

砂山　毛沢東っていうのは基本的にランドパワーですね。

茂木　そうです。あんまり商工業に興味ないんですよね。土地を支配すると。土地を全部国有化しちゃって、共産党ががっちり管理するっていう、そういう体制ですよね。

砂山　これに対して、国民党のほうは……。

茂木　列強に対抗するには、列強のやり方を真似るしかないと。これから中国も海軍をどんどんつくって、海上交易をやって、海に出ていこうっていうのが蔣介石ですね。

砂山　この内戦のさなかに日中戦争、第二次大戦。

茂木　そこに日本が攻め込んでいっちゃったので、ずっともめてた共産党と国民党が手を組んじゃうんですよ。「日本は敵だ」ってなって。これが第二次国共合作っていうんです。

砂山　はい、習いました。で、日本は負けますよね。

茂木　日本が負けた途端にまた国共内戦が再開です。それで、やっぱり中国っていうのは圧倒的に農民の数が多いんです。だから共産党が力を持っちゃって、ついに蔣介石は追われて、まさに海に追い落とされて台湾に逃げたと、こういうことですね。

毛沢東はなぜアメリカのニクソン大統領を歓迎したのか？

砂山　で、最終的に共産党がいまの中華人民共和国をつくるわけなんですけど、毛沢東の時代の中国っていうのはどういう性格を持っていたんですか？

茂木　もろにランドパワーですよね。だから陸軍重視、農業重視ですよね。

砂山　先生の図（103ページ）によると、毛沢東ランドパワーは、ロシアとつながっていた時代から、≫マークに移っていくんですけど、これは何でしょう？

茂木　ランドパワー同士の主導権争いということですね。隣国同士は地政学的には敵

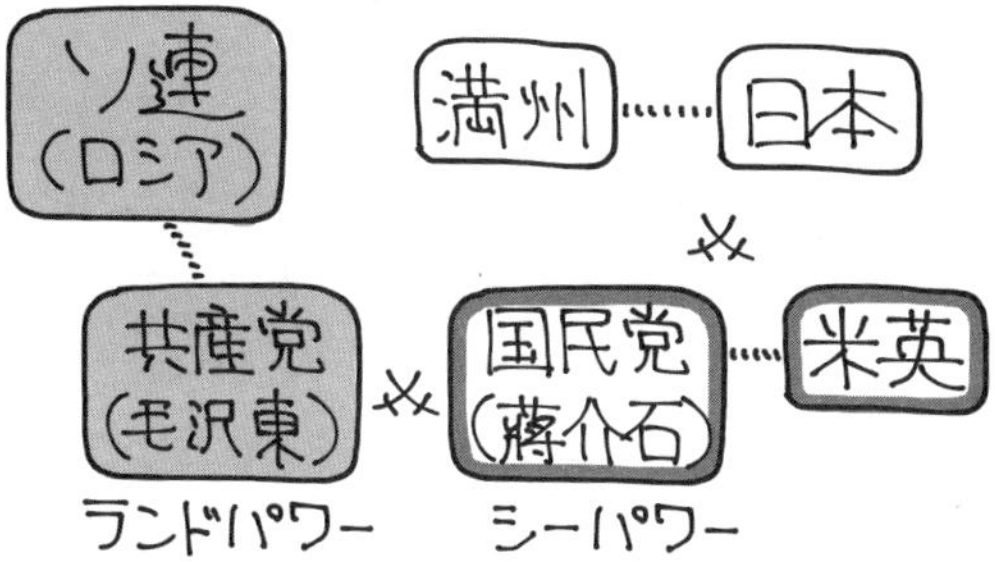

▲ 20世紀の前半(中華民国)

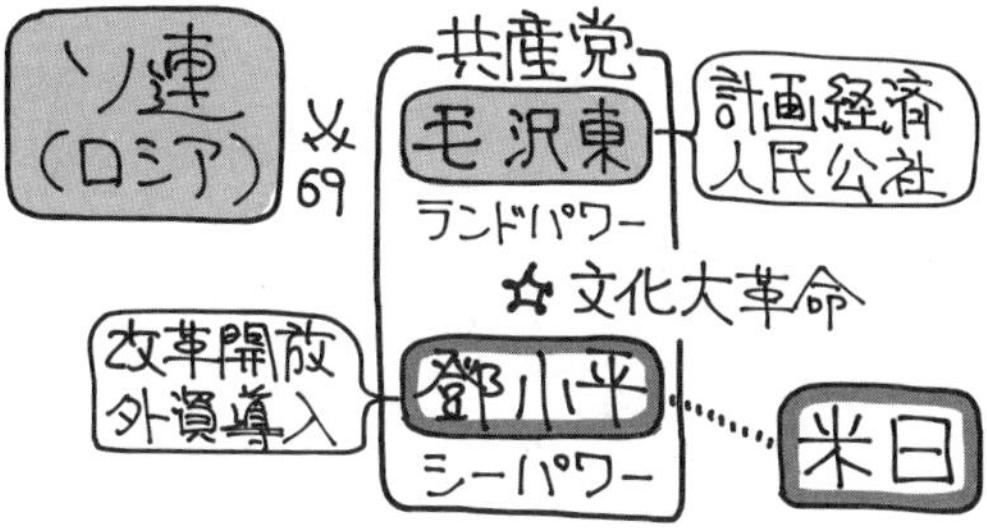

▲ 20世紀の後半(中華人民共和国)

ですから。ロシアは自分が親分で、「毛沢東、お前はおれの子分だから言うこと聞け」っていう態度でした。毛沢東は日本と戦ってるうちはしょうがないから従ってました。

その日本も負けたと。「もうロシアの手先じゃなくて、おれはおれで行くんだ」っていうことで、毛沢東がロシアを裏切ったんですよ。簡単に言うと。「今後は中国独自の社会主義を目指す」と。これが中ソ論争の始まりですね。

砂山　中ソ論争が起きました。起きて、どうなっていくんですか？

茂木　起きたんですけれども、実は中国は長い内戦でもう疲れ果てていて、貧困のどん底でした。しかも毛沢東がまったく商工業を理解できず、経済政策がめちゃめちゃなんですよ。「大躍進」政策とかいって、大勢餓死者を出したりして、もうどうにもならなかったんですね。そこで共産党の内部に、やっぱりシーパワー的な市場経済的な資本主義的なものを取り入れなかったらソ連にも勝てないだろうっていう、そういう人たちが出てきて、その中心が鄧小平《とうしょうへい》っていう人なんですよ。

砂山　その後の歴史を見ると、この鄧小平さんが権力を握っていくんですね。

茂木　いや、それまでが大変でして、毛沢東はシーパワー派を「裏切り者」と罵《ののし》って、学生を動員して襲撃させたりしました。これを「文化大革命」っていいまして……。

砂山　たくさんの人が地位を追われた時代。

茂木　地位を追われて、殺されもしましたね。10年間の混乱の間、学校は休校、工場は閉鎖、経済どころじゃありません。で、毛沢東は死ぬ間際に「やっぱこれじゃあ、国がもたん」と気づいたんですよ。

砂山　やっというか。

茂木　そうそう。それで、追放していた鄧小平を呼び返すとか、あるいはアメリカ大統領ニクソンを呼ぶとか、これやりましたよね。アメリカのところでね。

砂山　アメリカはアメリカで、ベトナム戦争でもう困ってたので……。

茂木　だから「中国と仲直りして、米中でソ連に対抗しよう」っていう動きになってきて。毛沢東は死ぬ間際に正気に戻ったという感じですかね。

砂山　シーパワーの考えを理解した。それで毛沢東が亡くなります。

茂木　やっと鄧小平の時代です。この人は自分の子分を総書記、共産党のトップに据えて、裏から操ります。日本でいうと、「闇将軍」と呼ばれた田中角栄みたいな感じですね。

砂山　裏から動かしながら、どんなことを？

茂木　もうとにかく経済は全部オープンにして、アメリカ、日本の企業をウエルカム、いらっしゃい、いらっしゃい、銀行もドンドンドンドン投資してくださいと。上海なんかも開放しますっていって、だからいま上海に高層ビルが立ち並んでますけれども、あれは金がどこから来たか、日本とアメリカですよ。

砂山　いわゆる「改革開放」路線ということですよね。

ソ連崩壊で中国がシーパワー化した！

茂木　その間ずっと、中国とソ連は喧嘩している状態で、核ミサイルを向け合っていたわけです。アメリカ・日本から中国にお金が流れれば、ソ連は不利になります。

砂山　それで、ベルリンの壁が崩壊したり、ソ連が崩壊したりっていう時代になりますけど、そのとき中国はどんな感じになってましたか？

茂木　ソ連がアメリカとの冷戦に負けちゃった。やっぱり経済がメタメタで、軍備拡大、軍拡にもう耐えきれないと、崩壊しちゃったんですね。そうすると、ソ連が崩壊して一番喜んだのは実は中国で、伝統的にこの北にいた重苦しい国が消えた。「ラッキー！」っていうことですよね。

砂山　いままでずっと北に怯《おび》えてきた中国が、ついに北の脅威がこれでなくなった。

茂木　そうです。だから北に備えていたエネルギーを今度は南に向けられると、海洋進出に。ここから始まったんですよ。

ここがポイント

✔ソ連崩壊で北方の脅威から解放された中国は、東シナ海・南シナ海への海洋進出を始めた。

砂山　なるほど。さあ、ようやく今回のタイトルにつながってきました。「なぜ、中国は今、海に進出しようとするのか？」、このあといよいよ、本題に迫っていきます。

茂木　ほとんどもう歴史上初めてと言っていいぐらい、北方からの脅威がなくなったということですね。

砂山　だから海に出ようと。

茂木　その後、ロシアは復活しつつありますが、プーチンさんのもとで。ただ、まだまだリハビリ中ですからね。だから、ロシアはロシアで中国に、たとえば石油とかガスとか武器を買ってほしいので、いまプーチンは中国と喧嘩する気はないです。

砂山　海に出ていくにあたって、日本とアメリカとの関係にもやっぱり影響があったと思うんですけど、中国はそれをどう考えているんでしょう？

茂木　実は海洋に出ようっていうプランはさっきの鄧小平から始まっています。尖閣問題が始まったのは鄧小平のときですから。ただし鄧小平は、日米からの投資が欲しかった。そこで彼は領土問題を棚上げして長期プランを立てました。

砂山　どんなプランですか？

茂木　二〇一〇年までに、まずは沖縄までの東シナ海と南シナ海を抑える。これを第一列島線といいます。それから二〇二〇年以後には、小笠原・グアム島まで抑えると。これを第二列島線といいます。でも、アメリカとガチで喧嘩したら負けちゃいますので、なんとかアメリカとは妥協して「米中で太平洋を分割しましょう」なんていうことを考えてきたんですね。実際に中国の軍の指導者がそういう発言をしています。

砂山　いま着々と計画を進めていると。南シナ海のサンゴ礁《しょう》を埋め立てて。

茂木　そうそう。サンゴ礁っていっても、まったく海面から出てない浅瀬ですよね。そこに大量の砂を運んで島をつくってます。いま。島をつくるどころか、その上をコンクリートで固めて、3000メートル級の滑走路をつくってます。これは国際法違反です。ちょっとアメリカもさすがに最近カチンと来て、「お前のつくった島なんか認めない」っていって、その島の領海をアメリカの艦船がわざと通ったりしてるんですけども、ちょっとアメリカも遅いよっていう感じですね。

砂山　フィリピンからいったんアメリカ軍が撤退しましたね。

茂木　日本と同じでフィリピンにも冷戦中はずっと米軍基地がありました。ところが冷戦が終わると、「もう米軍は出ていってくれ」っていう声が高まります。ちょうど火山の噴火もあったので、米軍も「まあ、いいか」っていってフィリピンから米軍が撤収したんですよ。そのあと起こったのが、あの南シナ海の島の占拠なんですね。埋め立ても始まると。米軍っていうのは困った存在です。いろいろ事件も起こすし。ただ、あれがいてくれるから中国軍は遠慮して出てこないっていうことも事実なんですよ。

砂山　だからこそ、フィリピンはもう一回米軍を。

茂木　そう。最近またフィリピンは「やっぱり米軍戻ってきてよ」なんて言ってますよね。これも遅いよっていう話ですけども。

砂山　地政学で考えると、この中国の海洋進出に対して周辺国が対抗するには、地政学でですよ、どう出ればいいでしょうか？

茂木　2つ考えられますね。第一に空白をつくらない。空白ができるとそこに入ってきますから、軍事的な空白をつくらないことですね。

砂山　いわゆる先ほどのフィリピン。

茂木　フィリピンみたいにしたらだめだと。

砂山　もう一回米軍が帰ってくるみたいな、軍事には空白をつくらない。

茂木　だから、たとえば沖縄ですよね。沖縄の米軍基地の問題、もうずっと辺野古《へのこ》の問題でもめてますよね。だけど、あれがなくなっちゃったら中国軍は100％出てきますから。「米軍が退《ひ》いたあとどうするんですか」「自衛隊を入れるんですか」っていうことまで考えないと。場合によっては日中がぶつかることもあり得るので、「いまの憲法でいいんですか」とか、全部つながってくるんですよね。安保法制もそうですね。

砂山　地政学、リアリズムで詰めていくと、そういうことになると。

茂木　第二の方法は、やっぱり「北方の敵」をもう一回つくってあげる。

砂山　ロシアですか？

茂木　はい。ロシア頑張れっていうことです。日露関係についてはまた別の機会に。

砂山　ということになるわけですね。

茂木　プーちゃん、頑張れって。

砂山　ロシアを元の状態に戻す、リハビリを早く終わらせるというか。

茂木　そういうこと。

今の中国は100年前のドイツに似ている

砂山　ひとつ気になるのが、もともと中国はランドパワーの国家ですよね。

茂木　はい。

砂山　海に進出するっていう戦略、かつての長い歴史の中でやったことがないわけですけど、これはうまくいくんでしょうか？

茂木　いやあ、過去一回も海戦に勝ったことのない中国海軍ですからね。それはきついでしょ。だから、そういう「なんとか海戦」みたいなことはやらないですよ。他の手を使いますね。たとえばサイバー攻撃とか、工作員によるテロ攻撃とかですね。

砂山　過去にランドパワーの国が海に出た例はあんまりない？

茂木　例はあります。やってみたけどダメだった例がドイツですね。ドイツのヴィルヘルム2世が第一次大戦の前に大海軍をつくります。イギリスとガチでやるぞって。でも結局は、イギリス海軍に海上封鎖され、ドイツはベタ負けしました。

砂山　「以上」と。

茂木　そのあとヒトラーがリベンジをしますが、第二次大戦で今度はイギリス・アメリカを敵に回してしまい、同じ結果に終わりました。冷戦中にソ連海軍は、米海軍によってバルト海とオホーツク海に封じ込められていました。ランドパワーが慣れない海戦をやってもシーパワーには勝てない、というのが歴史の教訓なんです。だから、「そうならないようにしましょうね、習近平さん」っていうことですね。

砂山　中国はかつてのドイツの失敗に学べと。

茂木　そう。ウクライナからオンボロ空母を買って魔改造し、「遼寧」と名づけました。2隻目の「山東」、3隻目の「福建」は中国国産の空母です。台湾や東南アジア諸国への「脅し」にはなりますが、米軍は何とも思っていないでしょう。ミサイル攻撃を受ければ空母は沈みますから。

［茂木のワンポイント］地政学

- 鄧小平がシーパワー国家戦略を立て、中国軍は長期計画に基づいて行動している。
- 中国の海洋進出を抑えるには、①軍事的空白をつくらないこと、②「北方の脅威」ロシアを育てること。
- ランドパワーが無理に海洋進出すると、かつてのドイツのように失敗する。

第6章 半島国家・朝鮮の高度な「生き残り戦略」

朝鮮半島のお隣さんはどこ?

砂山　中国は歴史的にランドパワーの国だというふうに学びました。朝鮮半島は地政学的にはどんな特徴を持っているんでしょうか?

茂木　朝鮮半島は日本の「お隣さん」で重要なので、2回に分けてやります。砂山さん、ひと言でいうと、何ですか?　地政学とは。

砂山　地政学、お隣さん問題。

茂木　朝鮮は半島国家です。朝鮮半島の地続きのお隣さんはどこですか?

砂山　中国ですね。

茂木　なんですよね。唯一の隣人が中国。あの巨大な中国と地続きでつながっているという。どんな気持ちですか？

砂山　脅威ですよね。

茂木　怖いでしょ。もう不安で夜も眠れないですよ。だから、何としても中国に呑み込まれまいということを彼らはずっと考えて、2000年間頑張ってきたんです。

砂山　2000年の長きにわたって。

茂木　この地続きの怖さが、日本人にはわからないんですよ。海に守られてきたから。

砂山　常に日本は海に守られている。

茂木　そう。韓国人の反日感情と、日本人の嫌韓《けんかん》感情。日本人と韓国人がどうもお互いを理解できない根本的な理由っていうのは、多分そこにあるんですね。

中国のランドパワーに2000年間、翻弄《ほんろう》されてきた

砂山　2000年間、中国という脅威にさらされてきた。この脅威に直面してきたこ

とを振り返って、朝鮮民族はどういう対応をとってきたんでしょうか?

茂木 中国に比べると朝鮮民族っていうのは少数民族ですよ。はっきり申し上げて。

砂山 中国に比べるとそうですね。

茂木 そうすると、もうガチで戦って勝てっこないじゃないですか。どうしますか? 絶対勝てない怖い人が隣にいる、しかも逃げられないと。どうしますか?

砂山 仲良くしましょうか、っていうことなんですね。

茂木 でしょう。とりあえず、何か持っていって、「すみません。よろしくお願いします」って言うじゃないですか。ずっとそれをやってきたわけです。それを朝貢っていうんです。要するに貢《みつ》ぎ物を贈って、「どうか手荒なことはやめてください」って、そうやって身を守ってきたんですよ。

砂山 それを歴史的に繰り返してきたと。中国の王朝もたくさん変わりましたよね。

茂木 一番厄介なのは、隣の怖い人が、ときどき中身が入れ替わるんですよ。これはランドパワー、要するに遊牧民が中国に攻めてくるもんですから、だからいつの間にか漢民族王朝だったのがモンゴル人になってたり、満州人になってたり、変わるんですね。そうすると、どうしますかっていうことですよね。前の王朝に忠誠を誓ってると、「お前らは前の王朝とつるんでた」とかいって攻め込まれちゃうじゃないですか。どうしますか？

砂山　新たな王朝に忠誠を誓うしかないですよね。

茂木　そうそう。もう「手のひら返し」するしかないですよ。「手のひら返し」に失敗すると攻め込まれます。

砂山　いままでやってたことを全部否定して。新しい王朝に乗り換えるというかたち。

茂木　だから朝鮮の歴史を見てくると、中国で王朝交代があると、朝鮮でも王朝交代があります。連動するんです。前の王朝とつながっていた勢力が駆逐《くちく》されて、新しい王朝が建つということですね。

元寇が日韓の運命を分けた！

砂山　具体的にはどういう動きがあったんですか？

茂木　古い話でいうと唐王朝。唐が朝鮮半島に攻め込んできます。そのときに唐とつるんで生き残ったのが新羅《しらぎ》っていう国ですね。このとき唐の皇帝に忠誠を誓って、唐の文化を全部受け入れてます。漢字とか、仏教とか。漢字一文字の苗字《みょうじ》もこのときからです。

砂山　李さんとか、朴さんとか。

茂木　そうですね。次はモンゴル、元朝が攻め込んできたときに、手のひら返しに失敗します。モンゴルはいったん朝鮮を、当時の国名でいうと高麗《こうらい》っていうんですけれども、これをボコボコにします。砂山さん、日本にモンゴルが襲来したのは何回ですか？

砂山　2回。元寇ですね。

茂木　たった2回です。でも朝鮮には毎年のように来るんですよ。モンゴル軍は、住民、家畜、食糧をみなかっさらっていくんです。1回の侵攻で20万人拉致《らち》されたという記録が『高麗史』にあります。

砂山　日本の場合は海があって、たまたま台風が来てっていうのはありましたけど。

茂木　高麗は防ぎようがない。都も全部焼かれちゃって、日本でいったら京都、奈良が全部焼かれちゃうみたいな、そんな話がしょっちゅうあるわけで。

砂山　それで高麗はどうしたんですか？

茂木　高麗王はモンゴルに膝を屈して、膝どころか額《ひたい》を地面に擦《こす》りつけて、フビライ・ハンの臣下になるんですね。それで許してもらうということですね。

砂山　そうなるわけですね。ちょうど元寇の話になりましたけど、この元寇のあった頃っていうのは十三世紀ですか？

茂木　そうですね。

茂木　ところが、彼らは遊牧民なので船がない、泳げない。では、どうやって日本に来るんですかっていうことで。

砂山　どこかに船をつくらせて、漕《こ》がせるんですよね。

茂木　それが高麗なんですよ。

砂山　元寇はイメージとしては元が来た、モンゴルが来たっていう感じですけど。

茂木　元軍は船に乗ってるだけであって、船をつくって漕いだのは高麗人です。

砂山　高麗と元の……。

茂木　連合軍です。しかも「日本を攻めましょう」ってフビライに言ったのは高麗王です。

砂山　もうすでにモンゴルと一体化、同化してるっていうか。

茂木　敵と一体化することによって自分たちの身を守ったんですよ。日本人には一世紀にわたって異民族の支配を受けたという過酷な経験は一度もありません。

砂山　アメリカに数年間占領されただけですね。

茂木　ところが、無敵と思われたモンゴル帝国がまたひっくり返っちゃって、中国人の明王朝ができますよね。そうするとまた高麗で政変が起こるんですよ。これをちょ

ここがポイント

✔ **モンゴル帝国の侵攻が、日本と韓国の歴史を分けた。**

っと図にしたので見てください（125ページ）。

茂木　明とくっついて朝鮮王朝を建てたのが李成桂《イソンゲ》という軍人です。

砂山　このときに国名がいわゆる「朝鮮」と。

茂木　そうです。だからほとんど明朝と同時にできた。

砂山　ということだったんですね。そのモンゴルが倒れて明になって、高麗王も結局倒されて李成桂の李氏《りし》朝鮮が生まれる。この人は、どういう人ですか？

茂木　はい。ちょっと前回の話とつながりますけれども、元寇のあと、逆に日本の西日本の連中が大陸沿岸を襲ったのが倭寇の始まりです。これに中国商人も加わったと。朝鮮半島を襲った倭寇と戦って名を上げた高麗の軍人が李成桂です。その李成桂が、クーデターで高麗王を殺して明朝に朝貢します。国名の「朝鮮」も明の皇帝に決めてもらったのです。

朱子学がわかると、韓国・朝鮮人の行動原理がわかる

砂山　この李氏朝鮮の国家体制もやっぱり変わるわけですよね。

茂木　はい。もう完全に明王朝のコピーですね。たとえば科挙ってわかります？

砂山　科挙、テストですね。

茂木　官僚採用試験ですね。それを朝鮮でもやると。漢文の古典、四書五経《ししょごきょう》ですよね。それを丸暗記して、それを忠実に再現した答案を書いた者を採用するんですね。

砂山　勉強に関しても当時の明の学問。儒学ですか？

茂木　儒学の一派の朱子学です。前回も出てきましたが、基本的にランドパワーの思想であって、農業が正しく、商工業は間違っている、劣っていると、商業蔑視思想ですね。だから、士農工商っていって、農が上で工商が下なんですよ。

砂山　朱子学の思想なんですね。

茂木　はい。それから文明人を「中華」っていうんですよ。中華が文明で、周りの民族はモンゴル人もチベット人もベトナム人も日本人も、野蛮人、「夷狄《いてき》」であるという考えです。この朱子学を朝鮮が丸ごと取り入れます。モンゴル支配の反動ですね。自分たちは中華であって、他はみんな夷狄だと。国が小さいから小さい中華、「小中華」思想っていうんです。

砂山　これが李氏朝鮮の思想だったんですね。

茂木　はい。それから文字。日本では平仮名、片仮名、漢字、全部ありますけども、朝鮮は漢字だけ。漢字漢文だけ。ところが朝鮮語っていうのは中国語じゃないんですよね。実は文法的には日本語に近い言葉であって、発音もね。ぼくら日本人が漢文を覚えるのは大変じゃないですか。それと同じぐらい大変なんですよ。漢文が読み書きできる人っていうのは本当にエリート中のエリートであって、一般の大衆はまったく読み書きできない状態です。

砂山　当時の李氏朝鮮では識字率は低かった。

茂木　もう極端に低いですね。それでなんとかしようっていうことで、この朝鮮の王様の世宗《セジョン》という人が、学者を集めて朝鮮語を表す文字をつくった。

砂山　これがハングルですね。

茂木　はい。ところが、ハングルをつくったんですけども全然普及してないんですよね。なぜかというと官僚たちが反対するんですよ。

砂山　エリートたちが。

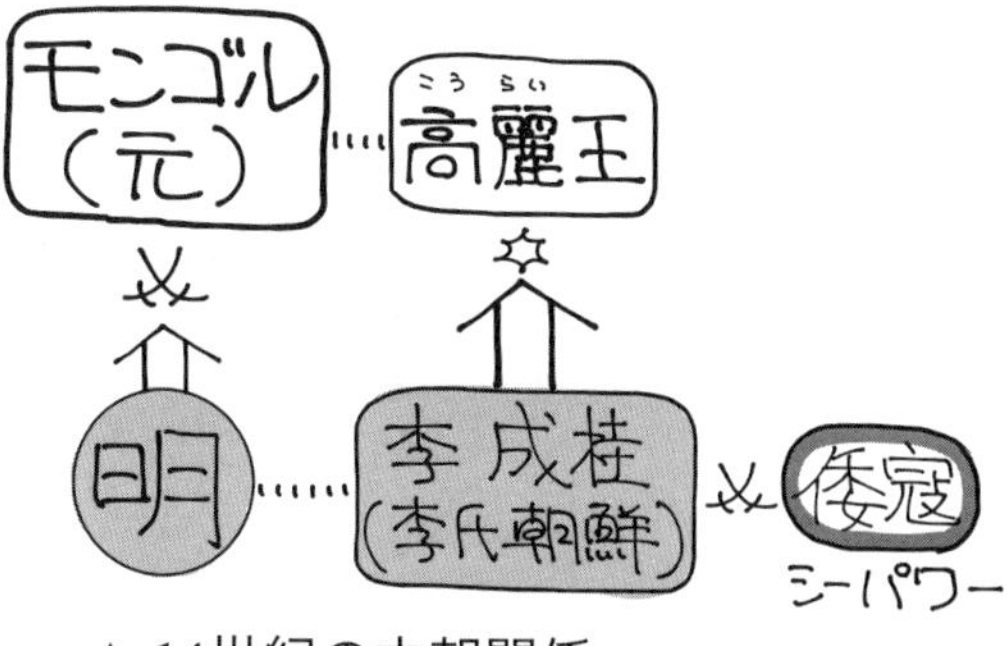

▲ 14世紀の中朝関係

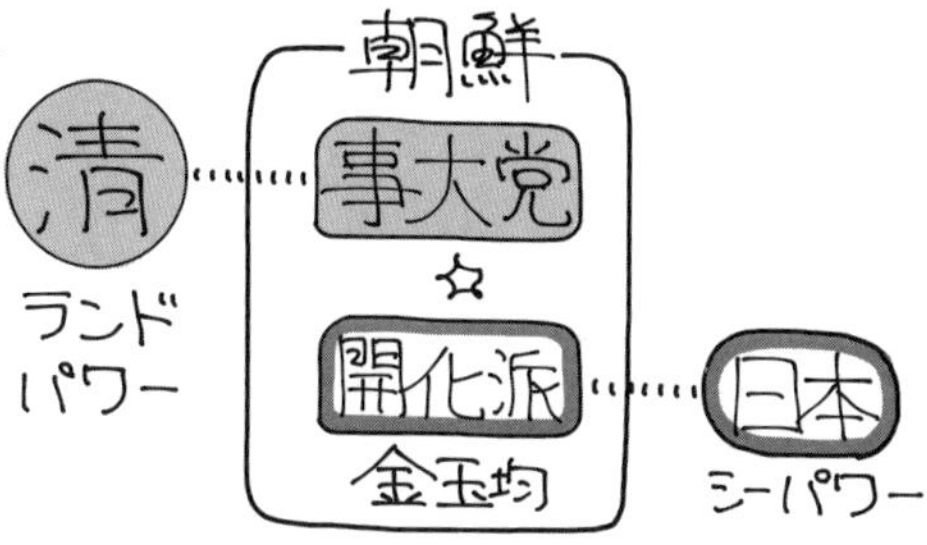

▲ 19世紀後半の中朝関係

茂木　彼らは漢文を使っています。漢文っていうのが中華文明の文字であって、こんな変な発音記号みたいな文字は恥ずかしいと思うんですね。これも朱子学の発想です。

砂山　日本はこのとき室町とか戦国とか。

茂木　はい。朝鮮王朝は長いんです。日本でいうと室町、戦国、江戸、明治まで。

秀吉の朝鮮出兵と、家康の「日朝友好」

砂山　その李氏朝鮮に、秀吉が出兵しましたよね。

茂木　そうですね。

砂山　これは海から攻められた最初の例。

茂木　そうそう。あっ、そうだ。砂山さんに質問です。韓国料理と言えば？

砂山　キムチ。

茂木　キムチ。他に？

砂山　牛肉系ですよね。焼肉。

茂木　焼肉ですよね。あれはいつからか知ってますか？　いつからあるか。

砂山　焼肉とキムチ……いやあ、わからないです。

茂木　焼肉は、モンゴル人の習慣です。あれだけ肉食うっていうのは。どれだけモンゴルの影響があったかっていうことですね。約一世紀、モンゴル軍に支配されていたわけですからね。それからキムチっていうのは実は秀吉からなんですよ。

砂山　えっ、キムチが秀吉から？

茂木　はい。唐辛子って朝鮮にはなかったんですよ。唐辛子の原産地ってどこか知ってますか？

砂山　ポルトガルから渡ってきたみたいな。

茂木　いや、中南米なんですよ。中南米の原産で、それをまずスペイン人が見つけて、持ち帰ってヨーロッパで広まって、それをポルトガル人が持ってきたんですよ。日本に。その日本に広まったのを秀吉軍が朝鮮に持っていったの。寒いでしょ。朝鮮。それで唐辛子で温まろうと……、今日はぼく、さっきキムチ鍋食ってきたの。暑くてしょうがないですけども。だからもともと朝鮮の風土に向いてたんですね。唐辛子っていうのが。漬物はあったんだけども、真っ赤になるぐらいあれを入れるのは秀吉から始まったんですね。

砂山　そんなルーツがあったわけですね。

茂木　話を戻しますと、初めて海からシーパワーが攻め込んだのが秀吉の出兵で、これはちょっと朝鮮大ショックですよね。陸のほうばっかり気を遣《つか》っていたら、後ろからボカッと来たわけですから。日本人はポルトガルから鉄砲を仕入れていましたが、朝鮮は弓矢ですから、負けますよね。それでどうしたかっていうと、明朝に助けを求めたと。明が助けにきて、「さすが明朝」って、また「ははぁ」となったんです。

砂山　そうなんだ。それで、その明朝が今度は清になりますよね。

茂木　このときちょっと失敗しました。清は北方民族の満州人ですよね。満州人が先に朝鮮に攻めてきちゃったんですよ。

砂山　明より先に朝鮮半島に。

茂木　そう。長城があるからなかなか北京に行けなくて、先に来ちゃったんですね。朝鮮はそれまで明朝に対して忠誠を誓っていたので、「お前たちみたいな北方の野蛮人に頭下げるか」って態度を取って、清を怒らせちゃうんです。今度は清軍にソウルを陥されてめちゃめちゃにされます。それで朝鮮王は額を地に擦りつけて、「清の皇帝に忠誠を誓います」ってなったんですよ。そのあとさらに衝撃的なことが起こります。

砂山 何があったんですか？

茂木 清が長城を突破して北京に入城してしまった。中華文明の明朝が消えちゃったと。中国人も満州人と同じファッション、頭を剃《そ》って後ろ髪を長く伸ばす辮髪《べんぱつ》にさせられます。中国大陸全部が野蛮人、夷狄の国になっちゃったっていうことですね。

砂山 朝鮮にとっては大ショック。

茂木 はい。清朝が怖いから一応頭を下げ、朝貢、朝貢ってやるんですけれども、腹の中では「ふざけんな」と思ってます。北京に朝貢に行った朝鮮の使いが戻ってくると、もうボロクソにけなします。「あいつらはみんな夷狄だ！」とか言って。

砂山 ますます小中華になっていきますね。明はなくなっちゃったけど、明の思想は我々が受け継いだ、というかたちになる。

茂木　そうです。「世界唯一の文明国、朝鮮」。

砂山　と、考えたわけですよね。それで、江戸時代に入りますけども、明治に入ると日本と朝鮮の関係、また変わりますよね。

茂木　そうですね。江戸幕府を開いたのは？

砂山　徳川家康。

茂木　家康。徳川家康と豊臣秀吉はどういう関係ですか？

砂山　「鳴かせてみよう」か、「鳴くまで待とう」か。

茂木　はいはい（笑）。要するに家康は秀吉の部下だったわけです。秀吉はすごい年取ってから子どもが生まれて、その子のことを本当に心配で心配でたまらない気持ちで死んでいくんですよね。大坂城に側近5人——五大老を集めて、それで息子の秀頼のことを「よろしくお頼み申し候」とか言って死んでいく。それで家康がそこの脇に座っていて「お任せを」とか言って、秀吉が死んだ途端に裏切ったんですね。家康が。しかも、大坂夏の陣っていって大坂城を襲って、秀吉の息子を自害に追い込んだと。つまりは、豊臣家を滅ぼしたのは徳川ですよね。砂山さん、朝鮮を侵略したのは？

砂山　秀吉。

茂木　でしょ。秀吉の一族を滅ぼしたのは？

砂山　徳川。

茂木　でしょ。だから朝鮮から見た徳川は？　敵か味方かっていうと？

砂山　味方。

茂木　ですよね。だから、江戸時代の日朝関係は最高によかったんですよ。

砂山　そうなんだ！

茂木　「よくぞ豊臣を滅ぼしてくれた」「よくやった、家康」と。

砂山　朝鮮使節一行が江戸へみたいな、教科書に出てましたね。そうか、そういう裏側があるんですね。

茂木　朝鮮通信使ですね。徳川家の将軍が亡くなって新しい将軍が替わるごとに、ソウルから使いが来るんですよ。お祝いに。

近代化が始まっていた江戸時代の日本、その頃の朝鮮王朝は……

砂山　日本は鎖国ですよね。

茂木　はい。もうちょっと視野を広げてみると、世界は大航海時代です。スペインがフィリピンを侵略して大勢殺して、植民地にしています。あるいは、オランダがいまのインドネシアでまた大殺りくをやって植民地にします。こうしてヨーロッパ列強がアジアに攻め込んでくる、そういう時代だったわけですね。ところが、彼らは日本に攻めてきましたか？

砂山　来なかったですね。

茂木　なぜでしょう？

砂山　はて。海で守られて……。

茂木　でも宣教師は来ましたよね。ザビエルとかね。

砂山　そうですね。

茂木　同じ島国のフィリピンを占領したスペインが、どうして日本には攻めてこないんですか？

砂山　はて。状況的には、鉄砲がいっぱいあるからっていう感じですかね。

茂木　そうです。

砂山　関係ありますか？

茂木　あります。日本軍が強すぎた。

砂山　そうなんですね。

茂木　もう鉄砲の保有率で世界最高水準です。当時の日本ですよ。だから、これはちょっと日本を攻めても勝てねぇと思ったんです。スペインもオランダも。だから貿易だけやると。鎖国のことを皆さん勘違いしていて、実は鎖国っていうのは日本が弱いからこもっていたんじゃなくて、ヨーロッパ列強が怖がって日本に近づかなかった。

砂山　そうか。鉄砲って戦国時代の遺物、と思っていましたけど、鉄砲隊があったから、鎖国ができたわけですね。

茂木　そう。それでサムライっていうのがいて、腰になんか長い刀を差して歩いているんですから、外国人が見たら怖いじゃないですか。だから、いまの言葉でいったら重武装ですね。重武装中立が鎖国です。

砂山　それで日本は脅威から守られていた。

茂木　守られた。そして日本は基本的にシーパワーですので、商工業が盛んです。江戸時代は完全な貨幣経済で、大坂は銀貨で江戸は金貨ですね。藩札《はんさつ》という紙幣もありました。世界最初の先物《さきもの》市場っていうのは大坂の米市場で、ほとんど西ヨーロッパと同じレベルにまで経済が発展していたんです。

砂山　江戸時代のイメージが変わりますね。

茂木　江戸は、当時世界最大の都市です。同じ頃の朝鮮は商工業を蔑視しましたので、基本的に農業社会であって、貨幣もほとんど流通せず、農村は物々交換でした。朱子学が近代化を遅らせたのです。きらびやかな韓流ドラマ時代劇は、完全なフィクションです。

砂山　ということだったわけですね。今回はここまでですね。

茂木　次回は近代。面白いですよ。これは。

砂山　日本にとってはペリー来航っていう。

茂木　そうそう。

砂山　重武装で守られていたのが崩れるところでもありますけど。

茂木　そこから韓国併合という話までやります。

〔茂木のワンポイント〕**地政学**

- 半島国家の朝鮮は、常に大陸の中国の動向に翻弄されてきた。
- 中国からの侵略を防ぐためには、中国の王朝と一体化するしかなかった。
- モンゴル支配の反動から、朝鮮は朱子学を採用し、小中華思想を持つようになったが、経済は停滞した。

第7章 地政学から見た日韓関係の近現代

地政学から見た明治維新

砂山　今回の講義は明治以降の日韓関係、ここからいろいろ激動の時代を迎えます。韓国併合、そして戦後の日韓関係、どんな道のりを歩んできたのか。歴史を知れば、現在の世界情勢が見えてきます。

茂木　砂山さんに、いきなり質問です。

砂山　何でしょう？

茂木　明治維新って何ですか？

砂山　いわゆる江戸の……封建体制が崩れたわけですよね。

茂木 何が何を倒したんでしょう？

砂山 武士を民衆……じゃないな。あっちも武士だな。

茂木 だって坂本龍馬とか、あれは武士じゃないですか。

砂山 そうですね。将軍を、いわゆる将軍と敵対した勢力、遠いところの人たち。

茂木 苦しい（笑）。薩摩・長州の武士たちですよね。将軍って何家でしたっけ？

砂山 徳川家。

茂木 徳川家と朝鮮の関係は？

砂山 良好でした。

茂木 良好だった。ということは、徳川を倒しちゃった明治政府と朝鮮の関係は？

砂山 よくないのか。

茂木 最悪ですよ。そういうことなんですよ。

砂山 そうなんだ！

茂木 あんなに関係がよかった徳川を、なんで滅ぼしちゃったんだ！　っていうことですね。

砂山　そうか。そこからがスタートになるんですね。

茂木　それがまず、近代の日韓関係がこじれた最初の原因ですね。その前に、日本史のことをひと言いわせてください。明治維新をやったのはどういう勢力でしたっけ？

砂山　薩摩・長州。

茂木　薩摩・長州ですね。つまり、山口県と鹿児島県が手を組んで攻めてきたんですね。江戸に。簡単にいうと。砂山さんのご出身ですよね。山口、やるなあ。

砂山　まあ、ぼくは山口の出身なんですけども。

茂木　だから明治時代だったら、砂山さんすごいですよ。長州藩士っていったらもうね。

砂山　まあ藩士じゃないようですけど……。

茂木　で、薩摩っていうのは基本的に海の勢力です。たとえば、沖縄、当時の琉球王国を支配下に置いて、もう海上に藩の経済基礎を置くということで、この番組のテーマでいうと薩摩っていうのはシーパワーです。その薩摩が新政府をつくった。日本海軍をつくったのは薩摩である。だから日本海軍はだいたい薩摩出身の人が偉くなるんですよね。

砂山　東郷平八郎とか。

茂木　日露戦争のときの連合艦隊司令長官ですね。それでは逆に、陸軍をつくったのは？

砂山　長州か。

茂木　長州なんですよ。長州は地理的にいうと朝鮮に近いですね。だから大陸に興味があるんですよ。

砂山　長州はランドパワーなんですか。

茂木　そうなんですよ。吉田松陰も、「満州に攻め込め！」と言っています。薩長連合っていうのは、日本版シーパワー・ランドパワー連合ができたという話なんで、もともとそりが合わないんですよ。発想が違うから。陸軍は、大陸へ大陸へって行きたがって、海軍は、海へ海へって行きたがるんですよ。最終的に、陸で中国と戦いながら、海でアメリカと戦うという、まったく無謀な戦争をするのはそういうことなんですよ。

砂山　なるほど。やっぱりすべて明治維新に理由があったわけですね。

近代朝鮮はランドパワー派vsシーパワー派の抗争の歴史

砂山　明治以降の日韓関係を、日本側から見るとどうなるんでしょうか？

茂木　まず、明治維新で新政府ができましたということを、世界各国に通知します。国交を開きましょうと、もう鎖国やめますと。清朝とも国交を結ぶんですね。ヨーロッパとも結ぶし、アメリカとももちろんね。そこで問題になったのは、清朝皇帝と朝鮮国王の関係は、どういう関係でしたっけ？

砂山　前回の話を思い出すと、朝鮮は清朝に表向きは従っている。

茂木　そう。貢《みつ》ぎ物を届けて、「臣下の礼」っていうのをとるんですね。東アジアでは「皇帝」が主君で「王」は臣下なんです。ところが、その清朝と日本が正式に国交を結んじゃって、しかも清朝の皇帝と日本の明治天皇が対等になっちゃったんです。

砂山　これを朝鮮側から見ると……。

茂木　徳川家とは対等にやってきたのに、徳川を勝手に倒した裏切者の明治政府っていうやつが、勝手に中国と国交を結んで、しかも清朝と対等だって言い出して、「我が朝鮮国を見下すのか。無礼である！」。

砂山　そこでこじれたわけですね。

茂木　はい。前回のおさらいですけども、韓国、朝鮮民族がこれまでずっと生き残れたのはなぜでしょう？

砂山　いわゆる大国の脅威と常に接してきたので、この大国を怒らせないようにうまくつき合っていこうと。

茂木　怖い相手にすり寄っちゃう。ほぼ２０００年間、ランドパワーが一番強かったので、いつも大陸のほうを向いていて、大陸で王朝が変わったら新しい王朝にすり寄るっていうことをやってきたんですね。

日清戦争も日露戦争も、朝鮮問題が原因だった！

茂木　ところが、アヘン戦争で清朝が負けてからはどんどんシーパワーが台頭してきて、アジアでは日本人というよくわからない人たちが強くなっちゃった。それで朝鮮国中で大混乱が起こったんですよ。

これまでみたいに中国とくっついていけば安心だというランドパワー派と、いや、これからは日本と組んで明治維新みたいなことをやるべきだっていうシーパワー派に割れちゃって。朝鮮のランドパワー派を「事大党《じだいとう》」といいます。「事」は「仕《つか》える」っていう意味ですね。大国清朝に仕えるグループっていう意味で、朝鮮の王族がこっち。一方で、シーパワー派を「開化派《かいかは》」といって、文明開化、明治維新に学べという人たちですね。福沢諭吉とも親交のあった金玉均《キムオツキユン》という若い官僚がその中心でした。

砂山　今回は初めていわゆるランドパワーか、シーパワーかという、いままでにない分裂というか対立というか、派閥ができたわけですね。

茂木　両派ですさまじい殺し合いをやります。金玉均も殺されちゃいます。このごたごたに、日清両国が介入したのが日清戦争ですね。あれで日本が圧勝しちゃったんですよ。

砂山　そうすると、ランドパワー勢力が弱まりますね。

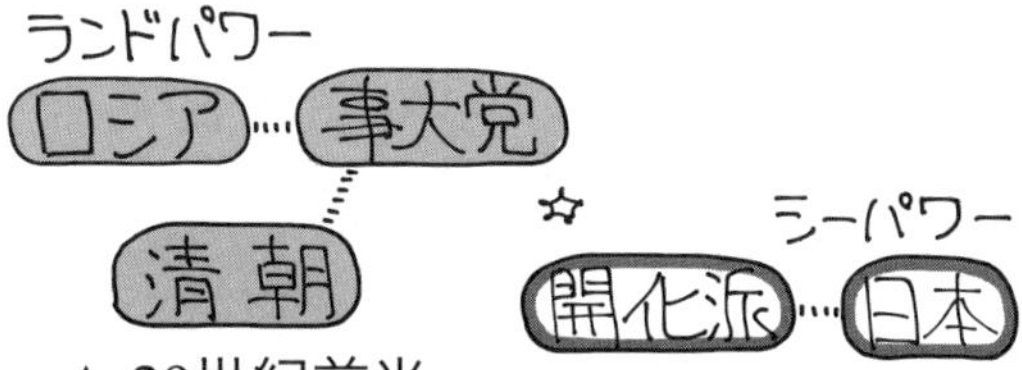

▲ 20世紀前半

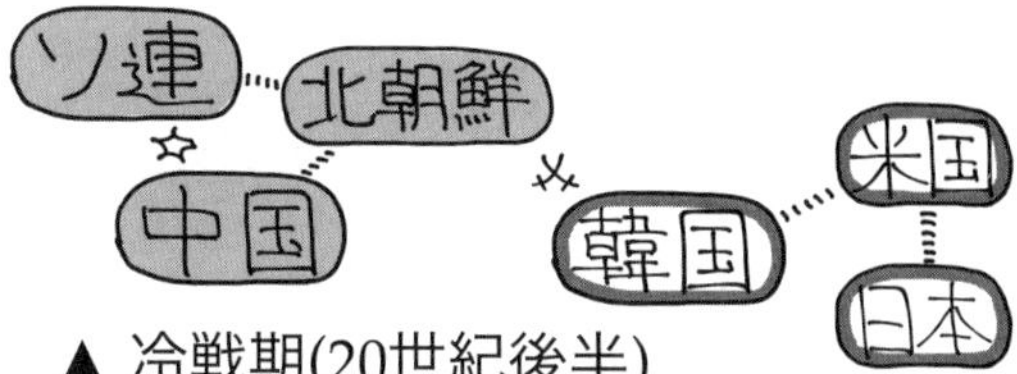

▲ 冷戦期(20世紀後半)

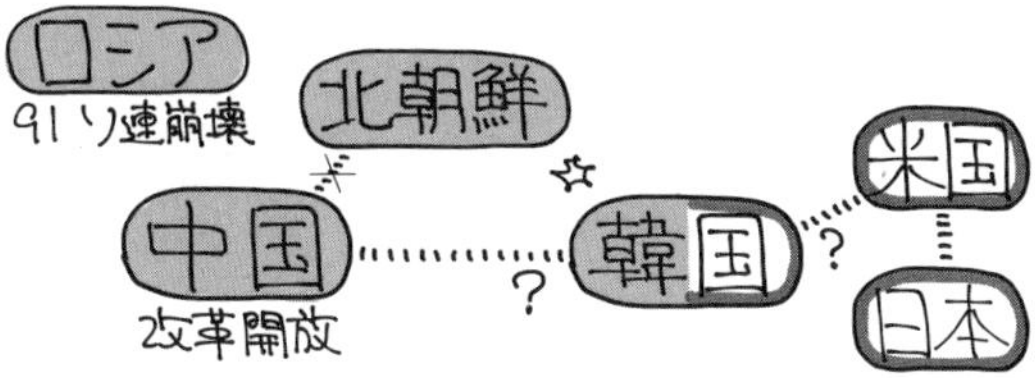

▲ 冷戦終結後(1990年代～)

すよね。

茂木　ところが事大党はまだあきらめきれなくて、「次はロシアだ」って、ロシアの保護国みたいになっていくんですよ。それであせった日本が今度はロシアと戦うんですよね。

砂山　日清戦争も、日露戦争も、朝鮮で火がついたんですね。

茂木　砂山さん、日露戦争の結果は？

砂山　またもや日本の勝利。

茂木　そうですね。完全にもう朝鮮におけるランドパワー勢力は潰されちゃうんですよ。朝鮮から見て一番の脅威は日本になったんですね。脅威に感じると。

砂山　うまくやっていこうと。

茂木　怖い相手にすり寄っちゃう、急接近しちゃう。それで、このあと朝鮮の国内で日本と合併しようという運動が起こるんですよ。

砂山　韓国併合。

茂木　こういうこと言うと、「合併運動なんて、日本側が仕組んだ運動であって、朝鮮人がそんなことをするはずがない」って思われると思うんですけれども、でも本当にあったんですよ。日本と合併しようっていう朝鮮人グループが。「一進会」っています。彼らが合併運動をやるんですよ。これで初めて朝鮮半島全体が、シーパワー側に取り込まれた。

砂山　韓国併合について、いまの韓国は否定的ですね。

茂木　はい。全面否定してます。あれは日本によって無理矢理併合されたんだ、ひどいことをされたんだと教えていますね。でも、具体的な事実関係を見てみると、そうとも言い切れない部分があります。日本がいよいよ中国やアメリカと戦争になりますね。そうすると、日本本土で徴兵をやっても兵隊が足りないと。そこで朝鮮からも兵士を募集するんです。志願兵を求めたんですね。これは一九四二年ですから、真珠湾攻撃の翌年ですね。４０００人の募集枠に対して、朝鮮の若者が何人くらい応募したと思いますか？

砂山　できれば応募したくないだろうと思うんですけど。１０００人くらい？

茂木　これがなんと25万人です。朝鮮総督府の資料に統計があります。約60倍。つまり、彼らは一生懸命日本人になろうとしたんですよ。朴槿恵《パククネ》大統領のお父さんも志願兵でした。日本軍の将校になった人もいるし、上は中将まで行ってますからね。戦争末期には神風特攻隊に志願して、アメリカの空母に体当たりした朝鮮の若者がいるんですよ。

砂山 それで、突然、日本が負けると。

茂木 あんな強かった大日本帝国が負けちゃうと。どうします？

砂山 今度は日本よりもっと強い国に……。

茂木 そう。戦勝国に急接近するんですね。どこですか？

砂山 アメリカ。

茂木 「原爆を持ってるアメリカだ」と。もうひとつあるんですよ。

砂山 中国？

茂木 中国は内戦中で、まだ弱かった。

砂山 ロシア。旧ソ連ですね。

茂木 はい。大戦末期にソヴィエトが攻めてきて、満州から朝鮮北部までダーンと来て、無敵の日本軍が惨敗するわけですね。この「ソ連と組もう！」というランドパワー派の金日成《キムイルソン》が建てたのが北朝鮮ですね。朝鮮民主主義人民共和国。「これからはアメリカだ！」というシーパワー派の李承晩《イスンマン》が建てたのが大韓民国。結局、国自体が2個に割れちゃって……。

砂山　歴史は繰り返した。それで朝鮮戦争になっていく。

茂木　朝鮮戦争では直接軍隊を送ったのはアメリカ。ソ連はちょっとアメリカとぶつかるのを避けたので、代わりに中国が出てくるんですよ。米中の代理戦争になって最後は引き分けと。そのまま南北が固定されちゃって、いまもにらみ合っているということですね。

ここがポイント

✓ランドパワー派（金日成）が北朝鮮を、シーパワー派（李承晩）が韓国を建国した。

砂山　ここから現代までに続く日韓関係にいきたいと思いますが。朝鮮戦争によって大韓民国と朝鮮民主主義人民共和国、この南北が固定化されてしまったんですけど、竹島の問題はこのあたりで？

茂木　やりましょう。

竹島問題、慰安婦問題がこじれた理由

茂木　要するに戦後の日本はだめだと、弱いということですよ。だから日本とつき合うのをやめると。初代大統領の李承晩さんは韓国を戦勝国に加えたかったんです。実際に「対馬をよこせ」とか言ってます。でもアメリカは、「いや、韓国は日本とは戦ってないだろう」って言って、それでしょうがないからあの無人島を占領したんですね。このときです。

砂山　それが竹島なんですよね。日本は、当時アメリカに占領されていた。

茂木　そう。完全に武装解除されていまして、自衛隊もなかったんですよ。まったく丸裸、無防備です。日本がアメリカ占領軍から解放されて主権を回復したのが、サン

フランシスコ平和条約ですが、調印が一九五一年、発効は五二年ですが、発効の直前に、李承晩は日本海に「李承晩ライン」というのを引いて、竹島を韓国側に編入してしまいます。日本漁船が近づくと、韓国警備艇が発砲したり、拿捕《だほ》したり……。

砂山　アメリカの立場は？

茂木　冷戦始まってますから、敵はソ連・中国だとなるんですよね。アメリカから見れば敗戦国日本を子分にして、韓国も同じだと。子分同士で喧嘩するな！　っていうことですよ。

砂山　だから、日本も韓国との紛争には……。

茂木　腰が引けている。「何も言わない。黙ってろ」って、これはアメリカの圧力です。

砂山　李承晩のあと尹潽善《ユンボソン》を経て大統領になったのが、朴槿恵大統領の……。

茂木　お父さんですね。朴正熙《パクチョンヒ》大統領。

砂山　一九六五年に日韓基本条約が結ばれるんですよね。

茂木　実は当時、北朝鮮のほうが豊かだったんです。北のほうが資源も豊富で、日本時代から豊かだったんですね。だから、韓国を強くしないと北にまた攻め込まれちゃうと。そこで朴正熙は、日本から植民地時代の賠償を取って、韓国を再建しようと思ったんです。

砂山　いわゆる「賠償問題」が出てくるんですね。

茂木　しかし日本側が、賠償支払いを拒否します。というのは、賠償っていうのは戦った相手に負けた国が払うのであって。イギリスやフランスやオランダなど旧列強が、植民地に賠償を払った例は一回もないんです。それでかなりこじれたんですけど、「賠償じゃなくて経済援助ならいいよ」ってなって、5億ドルの経済援助を韓国に与えます。ちなみに当時の韓国の国家予算は3・5億ドルです。その代わり、韓国は今後一切、賠償問題は持ち出さないということを決めて。これが日韓基本条約を結んだときに決まったことです。

砂山　いわゆる「慰安婦問題」がこれと関わるんですね。

茂木　朝鮮人慰安婦がいたことは事実です。それが日本軍に売春を強制されたのか、そうでなかったのかという議論以前に、「そもそも日韓基本条約で賠償問題は解決済みだ」というのが日本政府の立場です。元慰安婦への見舞金など、人道上の配慮はしてますけどね。

砂山　東西冷戦が終わったあとの韓国はどうなりますか？

茂木　砂山さん、冷戦っていうのは、結局どっちが勝ったんでしたっけ？

砂山　西側の勝利、アメリカの勝利。ソ連が崩壊しましたので。

茂木　そうですよね。アメリカがやっぱり強い、アメリカがボスだという話になったんですけれども、逆にソ連に代わって出てきたのが中国なんですよね。

韓国はなぜ今、中国に急接近しているのか？

茂木　冷戦終結以降、中国の経済成長がものすごくて、そうすると、今度はまた韓国の中で「いや、これからは中国じゃないか」って、揺らぐんですよ。それで、最近の韓国大統領は猛烈な勢いで中国に接近してます。

砂山　そうか。また歴史は繰り返すのか。

茂木　そうなんですよ。この地政学の面白いところは、地理的条件は同じなので、時代を通して同じ構図が何度も現れると。それがいまも繰り返しているということですね。

砂山 あの地政学の図式、ランドパワー対シーパワー。

茂木 あの国があの半島にある限り、もう永久に変わらないですよ。

砂山 常に超大国中国と接している。アメリカとばかり仲良くするわけにはいかないということで。ここまで韓国のお話は多かったんですけど、北朝鮮はどうだったんでしょう？

茂木 地図をよく見ると、実は、韓国と中国は直接国境を接してないんですね。

砂山 あ、そうですね。確かに。

茂木 基本的にお隣さん同士が仲悪い。ということは、より中国を恐れているのは？

砂山 北朝鮮なんですね。

茂木 実はそうなんですよ。ぼくらはついつい同じ共産主義だから仲間だと思っちゃうんですけど、それは違うんですね。どれだけあの国が中国を恐れているか。逆に最近韓国が中国に急接近してるのは、国境を接してないから危機感が薄いんですね。

砂山　冷戦中の北朝鮮は中国、そしてソ連との関係っていうのはどうだったんですか？

茂木　ソ連と中国がランドパワー同士で喧嘩してますから、等距離につき合ってたんです。北朝鮮の社会主義っていうのはソ連とも違う、中国とも違うと、朝鮮独自の社会主義のことを「主体思想」と書いて「チュチェ思想」って読むんですよ。だから、冷戦が終わってソ連が崩壊したときに北朝鮮の人たちがどう思ったかっていうと、あれはソ連の社会主義が間違ってたからだと。それから、中国はもうだめで、最近はもうアメリカかぶれで、外国企業をバンバン入れちゃって、あの国のどこが社会主義かと。でも社会主義っていうのは実は滅んでなくて、わが朝鮮民主主義人民共和国に残ったんだと。ということで、純粋な社会主義を北朝鮮に保とうとする。これはちょうど明が滅んだときに、「明が滅んでも中華文明は朝鮮に残ったんだ」と言った。あれと同じことをいま彼らは思っているんですよ。

砂山　また「小中華思想」ですね。ここでも歴史は繰り返しているんですね。

茂木　そうなんです。

日本は韓国・北朝鮮にどう対応すべきか?

砂山　「敵の敵は味方」っていうのも地政学でしたけど。北朝鮮にとって中国も味方ではない、韓国も味方ではないっていうなかで、今後、どんな動きを見せるでしょうか?

茂木　北朝鮮がどこかと組むときに、中韓は敵。ロシアは最近弱っている。残っているのはアメリカになるんですよ。北朝鮮はアメリカと国交を結びたくて、うずうずしています。

砂山　なぜ北朝鮮は核実験やミサイル発射でアメリカを挑発するのでしょうか?

茂木　相手にしてほしいからです。ミサイルでも飛ばさないと、アメリカは北朝鮮を黙殺します。脅かして話し合いのテーブルにつかせたい。そして朝鮮戦争の講和条約を結んで、平壌《ピョンヤン》にアメリカ大使館を開かせたい。

砂山　北朝鮮流のアプローチなんですね。日本に対しても?

茂木　日本の場合には拉致問題がありますから、拉致被害者全員の帰国が前提条件ですね。ミサイル発射の目的としてもうひとつ。ミサイルを海に向けて打ってますが、あれを西に向けて打ったら？

砂山 中国なんだ。

茂木 そういうことです。中国に呑み込まれたくないと思っているんです、あの金《キム》一族が。アメリカに対抗して、って言ってるけど、本当は中国。

砂山 歴史と地政学から読み解くとそうなんじゃないかっていうのが茂木さんのご意見ですね。

茂木 万一、中国軍が国境を越えてきたら、核ミサイルぶっ放すぞ、という脅しです。ですから北朝鮮の核開発以来、中朝関係はもう最悪です。

砂山 歴史から見て、日本としては今後、韓国・北朝鮮とどう向き合っていくのがよいと思われますか？

茂木 彼らは常に強い国とくっつくわけですから。もし彼らと仲良くしたいのであれば、日本自身が強くなることです。謝罪と反省を続けても、軽く見られるだけ。日本が強くなったら、また親日派が出てきますよ。

〔茂木のワンポイント〕 **地政学**

近代朝鮮史は、ランドパワー派（事大党／親中派）vs
シーパワー派（開化派／親日派）の抗争の歴史。
日清戦争と日露戦争で日本が勝利した結果、
朝鮮は初めてシーパワー側に取り込まれた。
日本の敗戦後は、ランドパワー派が北朝鮮、
シーパワー派が韓国を建国し、朝鮮戦争を起こした。
冷戦終結後、台頭する中国に韓国が急接近する一方、
北朝鮮は中国を警戒し、核開発を進めている。

第8章 ロシアという隣人といかに付き合うか？

ロシアと日本は、いつから〝お隣さん〟になったか？

砂山　今回はロシアと中国、日本の関係です。日本と領土問題を抱える厄介なお隣さん、ロシア。その歴史と行動原理を学ぶことで、北方領土問題の解決の糸口を見つけましょう。今回は、日本や中国との関係ですね。

茂木　ロシアも日本の「お隣さん」で重要なので、2回に分けてやります。今回はロシアと日本・中国との関係を見ていきます。

砂山　北の隣国ロシア。地政学っていうのはお隣さん問題だって、何回も出てきた言葉なんですけど、ロシアと中国、日本がお隣さんになったのはいつからなんですか？

茂木 もともと隣じゃなかったんですよ。間に「あれ」があったので。「あれ」が朝鮮や中国を占領した時代に、ロシアも「あれ」に占領されてました。「あれ」って何でしょう？

砂山 モンゴル？

茂木 モンゴルです。史上最強のランドパワー。なんと200年間ロシアは国がなかったんですね。モンゴル帝国の一部だったんですよ。鎌倉時代から室町の前半ぐらいまでです。

砂山 以前、朝鮮の焼肉文化っていうのはモンゴルの影響だってやりましたよね。

茂木 そう。ああいう感じで、ロシアにモンゴルの騎馬民族文化みたいなのが根付いちゃったんです。コサック軍団というロシア独特の騎兵隊をつくるんです。それが逆に強みになっちゃって、モンゴルが弱ってくると、旧モンゴル帝国領だったシベリアをロシアが食いつぶしていくというか、乗っとっていくというかな。だから、実はあのロシア帝国っていうのはモンゴル帝国の後継者である、ということなんですよ。

砂山 それでロシアが日本のお隣さんになった、というわけなんですね。

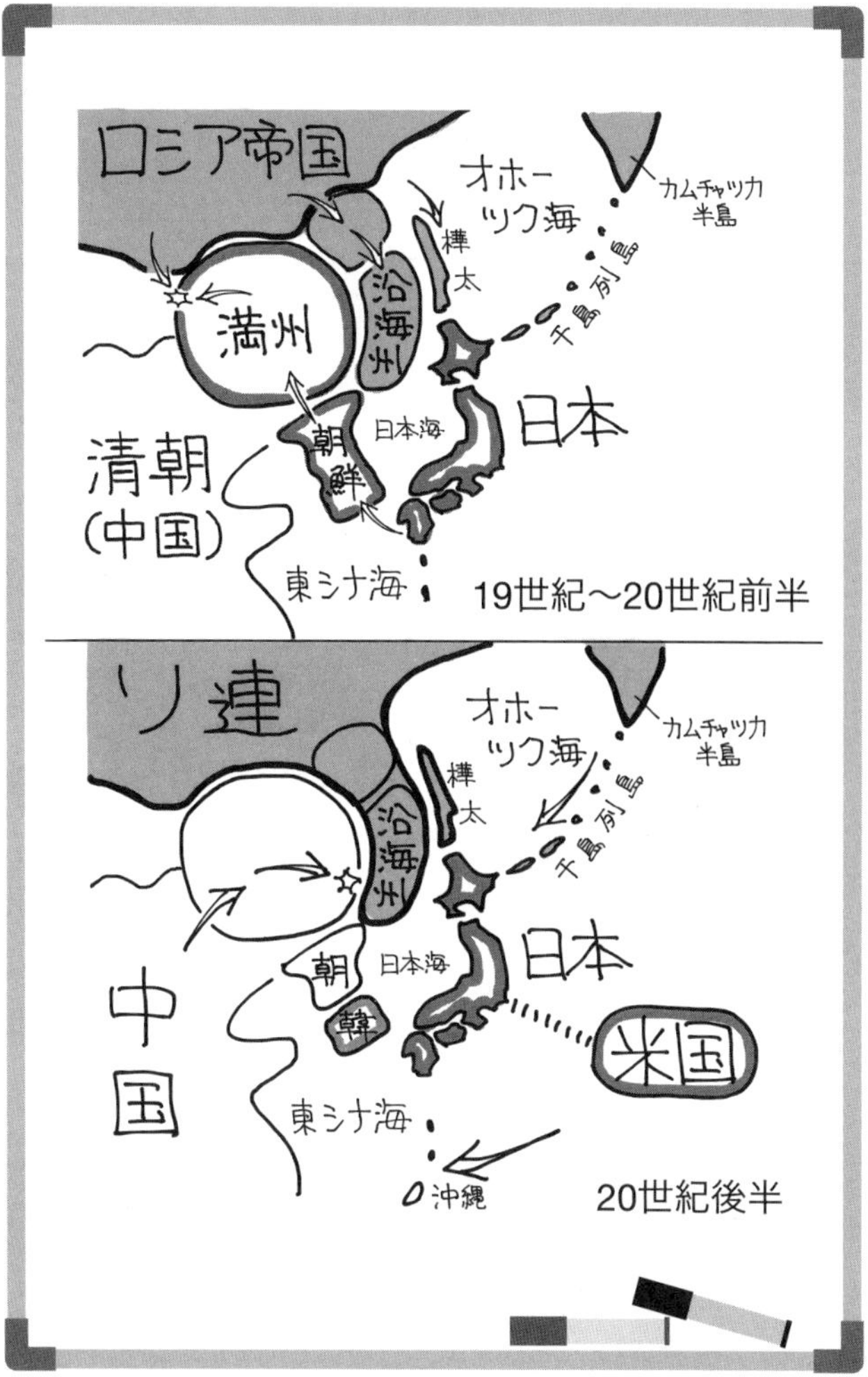
ロシア帝国
オホーツク海
カムチャツカ半島
樺太
沿海州
満州
千島列島
日本
日本海
朝鮮
清朝
(中国)
東シナ海
19世紀〜20世紀前半
ソ連
オホーツク海
カムチャツカ半島
樺太
沿海州
千島列島
日本
日本海
朝
韓
中国
米国
東シナ海
沖縄
20世紀後半

茂木　シベリアは寒すぎるから、ロシア人はどうしても南に出たいんです。東アジアにおいてロシアが南に出るためには、何という海に出ればいいですか？

砂山　地図には、北にオホーツク海っていうのが見えるんですけど、その南には日本海。

茂木　砂山さん、オホーツク海ってどんなイメージですか？

砂山　流氷。寒いっていうイメージですね。

茂木　流氷ですね。アザラシが乗っててね。冬凍ってて、使えないですよね。「船出せー」って言ったら「凍ってます」ではしょうがない。オホーツク海ってだめなんですよ。

砂山　船を出すということを考えると、冬は使えない。

茂木　そう。だから、ロシアはぐにゃーっと南に下がってきて、日本海の沿岸に出ようとする。この日本海の沿岸部分のことを沿海州っていうんですよ。場所的にいうと朝鮮の北、北海道と樺太《からふと》の西側の大陸沿岸ですね。この沿海州の一番南にウラジオストクっていう軍港をロシアがつくった。ウラジオストクも多少は凍りますが、凍ってる期間が短い。

ロシアは常に、隣国の窮地につけ込んで領土を広げてきた

砂山　あそこはもともと中国の領土ですか？

茂木　清王朝ですね。満州人の王朝です。ロシアはその清朝からあの地域を奪い取るんですね。

砂山　実際に戦って。

茂木　いや、清朝が強すぎるので、普通にやったら負けると。だから清朝が弱ってるときに後ろからぶん殴るっていうことをやりまして、アヘン戦争ってやりましたよね？

砂山　はい。イギリスと清の戦争ですね。

茂木　そうですね。アヘン戦争が2回あったんですよ。その2回目のアヘン戦争、これをアロー戦争ともいうんですけども、日本でいうと幕末の頃、一八五〇年代ですけれども。北京がイギリス、フランス軍に占領されて、めちゃめちゃに破壊されるんで

すよ。そのときにロシアは後ろから殴ってきて、北京条約（一八六〇年）で沿海州を奪ったんです。

砂山　清が弱っているときに、満を持して出てきたというか。

茂木　そうですね。実はこれ、ロシアの得意技で、あとで日本にやります。同じことを。

砂山　思い浮かぶことがひとつありますけど。そうか。隣の国がちょっと弱ってるときに領土を拡大して、いわゆるウラジオストクのある沿海州を奪った。

茂木　さて、ロシアの軍艦がウラジオストクから日本海にずるずる出てくると、困るのは日本っていう国で、明治維新（一八六八年）をやったばっかりですからね。日本が一番恐れたことは、ロシアが朝鮮まで取っちゃうと本当にやばいと。だから、そうなる前に軍備増強して、食い止めようと。この結果起こったのが、超簡単に言うと日露戦争。

砂山　日本、奇跡の大勝利でした。

茂木　はい。日本海海戦ですね。それで一応ロシアを封じ込めました。

砂山 これで南下を止めた。

茂木 そうするとロシアは、「おい、ちょっと日本強すぎるぜ」っていうことで遠慮し始めて、それでも南下したいから、今度は地中海へ出ようとして、そこで今度はドイツとぶつかっちゃって、これが第一次世界大戦なんですね。日露戦争の10年後です。

砂山 第一次世界大戦に突入して、まだこのときは革命前ですよね。

茂木 まだロシア帝国です。で、経済力がショボいくせに、無理して10年ごとに大戦争をやってますから、それでもう完全に破たんしちゃって、国民がブチ切れてついにロシア革命になっちゃったということですね。

砂山 ここでレーニンが出てきて、ソ連になった。

茂木 「世界で最初の共産党政権」っていうやつですね。当時の共産党っていうのはいまで言ったらIS（イスラミック・ステイト）みたいなものです。

砂山 どういう意味ですか？

茂木 世界革命を目指したんです。しかも暴力で。その司令部をモスクワにつくったんですね。レーニンさんが。コミンテルンっていいます。だから、各国がＩＳに対して空爆をやったみたいに、「これは危険だ。潰せ！」っていって、攻め込んだんですよ。これをシベリア出兵とか対ソ干渉戦争っていって、イギリス、フランス、日本、アメリカなんですけども。ところが、やっぱりロシアってでかすぎて潰すの無理。まさか日本軍があのモスクワまで攻め込むのは無理じゃないですか。

砂山　遠すぎますね。

茂木　でしょ。だから結局鎮圧できなかったんですね。その結果、生き残った共産党支配地域に、ソヴィエト連邦っていう国をつくった。レーニンと後継者のスターリンが。

砂山　ソ連になりました。で、日本との関係はどうなっていったんでしょう？

茂木　ここがポイント。日本っていうのは基本的に一番の仮想敵国はソ連、ロシアだったので、朝鮮を日本が取った延長で満州も取ろうとした。地図を見るとわかるんですけど、満州って沿海州の隣なんですよね。だから、日本軍の精鋭部隊が満州にどーっと入ってくるとロシアは困るんですね。非常に。もうシベリア自体が危ないと。だから、基本的にロシアと日本っていうのは対立関係で……。

砂山　まさにお隣さん同士。

茂木　はい。ところがヨーロッパでまたドイツが暴れ始めて、今度はヒトラーですよね。そうするとロシアは、アジアで日本軍と戦いながら、ヨーロッパでヒトラーと戦ったら、これは負けます。だからスターリンが考えたのは……。

砂山　一方と戦うときは一方と手を組むと。

茂木　はい。ドイツとは不可侵条約（一九三九年）っていうのを結んで、日本に備える。

砂山　独ソ不可侵条約ですね。これで日本に備えたわけですね。

ここがポイント

✔広大な領土のロシアが恐れるのは、二正面作戦。

茂木　はい。そのあとヒトラーが裏切ってやっぱりモスクワに攻めてきそうだったので、スターリンは日本と手を組むって言い出して、これが日ソ中立条約（一九四一年）で、この綱渡り外交の素晴らしさ。

砂山　いわゆる二正面作戦を避けて、どっちかの正面に集中するという、スターリンの天才的な考え方。

茂木　天才的な外交ですね。当時の日本は全世界を敵にしちゃったんですよ。これはバカですよね。少なくとも中国と戦いながらアメリカと戦うことなんて無理ですよ。

砂山　ソ連はどちらかにしていたということですね。

茂木　だから戦勝国として生き残ったんですよ。

砂山　それで、いわゆる第二次大戦終盤になってくると思いますけど。

茂木　もうドイツは負け続け。そうするとスターリンは、「よし、今度は日本を叩こう」ってなるんですよ。必ずその弱ったほうを叩くんですね。それで、大戦末期の一九四五年にヤルタ会談ってありまして、そこで日露戦争のことを持ち出すんですよ。「むかしロシアが日本によって奪われた領土を返せ」って言い出しまして、アメリカがそれに乗って、ソ連が日本に攻め込むことを許すと言って、なんと長崎の原爆投下の日(八月九日)ですよ。もう日本が負けるのは100%決まってますよね。そのときに後ろから殴ってきたんです。

砂山 ソ連が、日ソ中立条約を破棄したわけですね。

茂木 その結果、千島列島すべてと樺太全島を占領し、いまに至ると。樺太には石油やガスがありますし、千島列島を押さえれば、太平洋に出られます。

砂山 確か樺太千島交換条約で、樺太はソ連領だけど千島は……。

茂木 ちゃんと説明します。まず明治の初期に、千島列島全部を日本領、樺太はロシア領っていう約束をしたんですね。これを樺太千島交換条約といいます。そのあと日露戦争で日本が勝ったので、樺太南半分を日本が取った。最後にスターリンが攻めてきて、その南樺太と千島列島全部を取っちゃったと、こういう流れですね。

砂山 ということになるわけですね。「ここまでやるよ」っていうのは、ヤルタ会談でアメリカはもうわかってたんですか?

茂木 アメリカはわかってます。はっきり言っちゃうと、北方領土問題の種をまいたのはアメリカです。アメリカが要するに千島列島をロシアが取ることを黙認したんですから。

砂山　でも、特にそこには何も触れなかった。

茂木　言わない。

砂山　これはなんでですか？

茂木　これは結局アメリカの世界戦略で、日本とロシアがもめてるほうがいいんです。

砂山　日露が近づくよりかは敵対関係であったほうが、アメリカにとっては有利と。

茂木　そうそう。「昨日の敵は今日の友」。あれほど太平洋で戦った日本を、今度はアメリカの味方につけると。ソ連が攻めてくるんだからアメリカの言うことを聞けよって言って、たとえば米軍基地置かせろとかいうことですよ。

砂山　それで結局、ソ連も牽制《けんせい》しつつ、ということになるわけですね。

茂木　はい。

沿海州の恨み、シベリアが中国化する日

砂山 歴史的にロシアが南のほうに広がってきて、第二次大戦後に日本との北方領土問題が生まれたという話でしたけど、このロシアというかソ連にとってもうひとつのお隣さん、中国との関係はどうだったんですか？

茂木 これは中国でやったんですけども、基本的に隣同士は仲悪いので、敵です。

砂山 いわゆるロシアもランドパワー、中国もランドパワーで、両方国土は広いですから国境線も長いですよね。

茂木 だって砂山さん、ちょっとあの地図見てください（159ページ）。日本が取られたのは千島列島と樺太でしょ。それと比べて、清朝が取られた沿海州の面積を見てくださいよ。何倍ですか。

砂山 あれはいまだに戻ってないんですね。

茂木 沿海州のでかいこと。あれを忘れてるわけがないですよ。中国が。だから中国は腹の中では「いつか見てろ。ロシアめ」と、あれを取り返そうと思ってます。

砂山　実際、いまの中露関係としてはどうなんですかね。

茂木　これが面白いのは、アメリカが絡んでくるんですよね。

砂山　また。

茂木　アメリカによって封じ込められちゃ困るっていう点では、ロシア、中国は仲間になれるんですよ。いわゆるランドパワー同士で、シーパワーであるアメリカ、日米に対抗しようっていうことで組めるんですよね。でも、ランドパワー同士で実は領土問題があると。

砂山　実際、いわゆる冷戦時代はソ連、中国は東側の陣営のボスですよね。

茂木　そう。日本は完全にアメリカにくっついちゃったので、日本各地に米軍基地がいっぱいありますよね。沖縄とか。たとえば、もし日本の要求を受け入れて千島列島を全部日本に返したら、そこにもし米軍基地ができちゃったらどうします?

砂山　……とロシアは考える。

茂木　そう思っている。だからいやなんですよ。

砂山　だから返したくないと思っている。

茂木　そうすると、もうオホーツク海にまで米軍の船が入ってきますよ。

砂山　そこが一番ロシアとしては気になっているところ、ということになるわけですか。中国の話からいっきに日本の話になってきましたけど、プーチンさんになってから中国と結構関係は動きましたよね。

茂木　プーチンはずっともめていた領土問題に、一応けりをつけたんです。でもそれは川の中州《なかす》の小さな島の話であって、沿海州全体のことはひと言も触れていません。プーチンは沿海州を戻す気はないですからね。だってそれをやっちゃったらウラジオストクを手放すことになりますからね。

砂山　わずかなところで国境線を決めただけで、それで解決という……。

茂木　そういうことにして、とりあえずアメリカに対抗するために手を組もうぜっていう話です。

砂山　実際は、仲良くなってきているように見せてるけど本当はそうではない。中国は中国で、やっぱりあの沿海州を取り戻したいと思っている。

茂木　その機会を狙っている。実はこれは放っておけば中国領になるんです。

砂山　どういうことですか？

茂木　ロシアと中国とでは、人口増加率がまったく違うので。シベリアのロシア人はどんどん減っているんですよ。バイカル湖以東の東シベリアの人口はたった600万人です。あの広大な大地に千葉県の人口ですよ。中国は旧満州だけで1億人います。もう一人っ子政策をやめましたね。そうすると人口は爆発的に増え、ますます土地がないっていって、もう実はシベリアに不法侵入してますよ。中国人がいっぱい。

砂山　だからプーチンさんは、そこをなんとかしたい。

茂木　中国人の移住を止めたい。そこで日本なんですよ。

砂山　シベリアを一緒に開発しよう、みたいな。

茂木　ジャパンマネーと日本の技術でシベリア開発し、ロシア人を増やしたいと。中国マネーに頼らずにすませたい。

砂山　という空気ではある。さあ、日本とロシアの関係で、やっぱり一番気になるのは北方領土問題なんですけど。

茂木　常にこれがのどに引っかかっていて、これさえなかったら日本とロシアは組めるんですよね。

日本が北方領土問題を解決する方法は？

砂山　解決策はあるんですか？

茂木　あります。

砂山　ありますか⁉

茂木　たぶんプーチンさんも聴いてますので（笑）。一応ぼく考えたんですよ。

砂山　まあ、文化放送の電波はモスクワまで届かないでしょうが……。

茂木　東京にいらっしゃるロシアの情報機関の方は聴いてると思いますので、一応いくつか提案しますね。まずは、千島列島全部を取り返すことは無理です。それをやるにはもう一回日露戦争をしなきゃいけないので、それは無理。ロシア側の言ってることっていうのは、国後《くなしり》、択捉《えとろふ》は返さないが、残りの歯舞《はぼまい》、色丹《しこたん》は日本に返すと。

砂山　二島先行返還っていうやつですね。

茂木　それだと面積が違いすぎて日本に不利。なので面積で二等分する。択捉島で半分に切って、択捉の北半分はロシア、それ以外は日本、というのがひとつの提案。これは日本政府の中にも、たとえば麻生《あそう》太郎さんなんかこういうことを言ったことがありますね。

砂山　いわゆる面積二等分案。

茂木　それで2つ目、香港《ホンコン》方式。香港はイギリス植民地だったのを中国に返還したんですけども、返還後50年間は香港の自治を認めるということで、イギリスは納得したんですね。ですから、北方四島を返還してもらうが、50年間はロシア人の自治を認めると。

砂山　徐々に移行していこうと。

茂木　50年かけて日本の公共サービスを体験してもらって、同化するのか、それともやっぱりロシア本土に戻るのかを決めていただくと。これが香港方式。

砂山　2つ目が香港方式。3つ目は？

茂木　3つ目は、沖縄方式。沖縄は、敗戦後アメリカに占領されていたんですが、一九七二年、日本に返還するときに基地は残すと、米軍基地を残したまま日本に返還するということになりました。それは沖縄っていうのが大事な戦略的な要地ですから。だからロシアにとって北方四島っていうのは要するに沖縄みたいなエリアですから、返還後もロシア軍の駐留を認めると。

砂山　帰属は日本に戻すけど、ロシア軍基地は残すっていう方向。

茂木　日露安保条約を結ぶと、こういうことですね。これが沖縄方式。

砂山　アメリカはどうなんでしょうね。

茂木　アメリカは日露の接近をいやがります。ここが日本外交の腕の見せ所です。

砂山　そこまでいくための友好関係を築いていく日本にとっての武器っていうのは、やっぱり経済力なんですか？

茂木　経済力、お金と、あとは技術。シベリアに眠ってる地下資源は日本の力で開発するということですよね。

砂山　実際、中国もそれは狙っているんですか？

茂木　狙ってます。

砂山　というなかで、ロシアが経済的に中国と組むっていうことはないんですかね。

茂木　あり得ます。そこはもう両天秤にかけてきますので、そこがプーチンはうまいんですよね。どっちが安くやってくれますかって。あと興味深いのは、いわゆる地球温暖化っていうやつで、北極の氷が溶けてるんですね。ヨーロッパから北極を回って日本までタンカーが来れるんですよ。シベリアで油田ガスを開発して、北回りで日本に送るっていうことができれば、もう危ない中東とかマラッカ海峡を通らなくても日本は資源を確保できると。

砂山　中東の混乱が続いている現状では、日本にとってもそれはありがたい話になりますけど。領土問題が解決すれば、日露はパートナーになれる。

茂木　次回、ウクライナ問題やりますが、この問題でロシアは欧米諸国との関係が険悪になりました。ヨーロッパ方面で紛争を起こしながら、東アジアでも紛争を抱えていれば、ロシアが最も嫌がる二正面作戦になってしまいます。日本にとってはチャンスです。

砂山　プーチンさん、スターリンの外交に学べ、ということですね。

茂木　だから領土問題、解決しましょうよ。ぜひプーチンさん、メールください。

砂山　ひたすらプーチンさんに呼びかけてる感じになってますけど。

［茂木のワンポイント］地政学

ロシアはモンゴル帝国を継承したランドパワー国家。

国土が広大すぎるロシアは、アジアとヨーロッパ、二正面作戦に対応できない。

清朝から沿海州を奪って日本海に進出、日本から千島列島を奪って太平洋進出を図った。

シベリアの人口減少が続くロシアにとって、隣国中国の人口圧力は重大な脅威。日本との協力が必要。

ウクライナ紛争で欧米と対立するロシア。日本にとっては北方領土問題解決のチャンス。

第9章 ロシアはなぜ欧米と対立するのか？

「ロシア封じ込め」の理論が、イギリス地政学のはじまり

砂山　前回と今回、2回シリーズでロシアについて学びます。前回はロシアと日本、中国の関係でした。そして今回は、ロシアとヨーロッパの関係。

茂木　でかすぎるので2回に分けました。今回は「まさに地政学」というテーマです。

砂山　西はヨーロッパ、東はアジアに接する広大な国土を持つロシア。その行動原理はどんな歴史と地政学に基づいているんでしょうか。まずはロシアとヨーロッパの関

係からウクライナ問題の本質を学びましょう。地政学の大本命というところで、ロシアはもちろんランドパワーの国ですよね。

茂木　はい。ところでこのランドパワー、シーパワーっていう言葉は何度も出てきてますけど、そもそもランドパワー、シーパワーっていう言葉をつくった人がいるんですよ。知ってますか？

砂山　私は存じ上げませんが。

茂木　マッキンダーという、日本でいうと明治・大正期に活躍したイギリスの地理学者です。学者なんだけど政治家で外交官という非常に生臭い方です。当時イギリスはインドを植民地にしてたんですが、飛行機がなかったので、インドに行くには地中海からエジプトを通って行くんですね。

砂山　スエズ運河を抜けて。

茂木　そうそう。だから、地中海がまさにイギリスの生命線であって、そこに強い国、たとえばロシアが出てくると、イギリス自体が危うくなる。だから「絶対にロシアを地中海に出すな」っていうのが、イギリス外交の「いろは」の「い」だったんですね。

砂山　そのときはイギリス対ロシアっていうものがあったわけですね。地政学で見たときに、このランドパワーとしてのロシアっていうのは、どういうものなんでしょうか？

茂木　このマッキンダー先生の面白いのは、「なんでロシアが強いかっていうと、ロシアを滅ぼすことはできない」と。なぜかっていうと、イギリスがどんなに海軍を持っていても、ロシアは内陸国家なので、ユーラシア大陸の奥までは攻め込めないんですよ。でかすぎちゃって。そのロシアの中心部分のことを「ハートランド」といいまして、「心臓部」っていう意味ですよね。その心臓部を持ってるロシアは滅ぼすことはできない。だから、少なくとも「出てこないように封じ込めろ」って、こういうことですね。

砂山　それでも、実際ロシアが出てこようとしたから、やっぱりイギリスがずっと気にしてたっていうことですよね。

茂木　はい。前にお話しした日露戦争も結局そういうことで、日本はこのイギリスと手を組んで――日英同盟ですね。ロシアが出てくるのを止める役をさせられたということですし、あるいは、戦後の日米安保条約っていうのも、ロシア改めソ連が出てくるのを止める役割を日本がアメリカにさせられているということですよね。

砂山　でも、いわゆる日本っていう島国に住んでますと、あれだけ広大な国土を持ってたら、もうそれでいいじゃないかって思うんですけど、でも外に出てこようとした。これは何だったんですか？

茂木　砂山さんは寒いの暑いの、どっちがいいですか？

砂山　どっちかって言ったら、寒すぎるよりかはあったかいほうがいいですね。

茂木　ですよね。だからやっぱりそれは本能なんですよね。ロシアは寒すぎるので、南に出たいのは本能ですからしょうがないんです。

ウクライナが持つ地政学的な重要性

砂山　さあ、このロシアがウクライナ問題に介入してくる。ロシアにとってウクライナっていうのはどういう国なんでしょうか？

茂木　また簡単な地図（185ページ）を描きましたので、砂山さん、ちょっと説明してください。ロシアが南に出るときに、なんていう海から出ればいいかということですね。

砂山　茂木先生が描いてくれた地図、海を描いてありまして、黒海とカスピ海ですけど、どうやらその地中海に出るためにはこの黒海、ここがポイントになりそうですね。

茂木　そうですね。カスピ海ってどんな海でしょう？

砂山　閉ざされた、いわゆる塩湖《えんこ》というか、塩の海。

茂木　閉ざされた海。だからカスピ海に出ても意味がないんですよ。黒海は1カ所だけ出口がありますよね。地中海に開いている。

砂山　トルコのところといいますか。

茂木　そうそう。ちょうどイスタンブールがあるところですね。あれは何ていう海峡かご存知ですか？

砂山　ボスフォラス海峡。

茂木　勉強してるなぁ。

砂山　そこは覚えてましたね。地理は比較的得意でしたから。

茂木　そうですか。ボスフォラス海峡ですね。あそこからロシア軍がもう出たくて出たくてうずうずしてるんですね。そこで黒海に強力な海軍をつくりました。黒海の北にちょっとでっぱったところがありまして、あれは何半島でしょう？

砂山　クリミア半島。

茂木　そうなんですよ。だからクリミア半島っていうのは黒海艦隊の基地、軍港ですよね。セヴァストーポリっていう港です。だからクリミアを持つことは黒海を持つことで、黒海を持つことはボスフォラス海峡から地中海に出ること。これがいわゆるロシア南下政策というんですね。そのクリミア半島の付け根にあるのがウクライナなんですね。だからやっぱりロシアとしては、ウクライナは放っておけない。

砂山　もともとソヴィエト連邦の中にあったっていうイメージはあるんですけど。

茂木　もっと前から、帝政ロシアの頃からロシア帝国の支配下にあったところなんですよね。ウクライナっていうのは。

冷戦期
NATO
ソ連
（ロシア）
ウクライナ
クリミア
黒海
グルジア
（ジョージア）
カスピ海
ギリシア
トルコ
米英
冷戦
終結後
ベラルーシ
ロシア
ウクライナ
クリミア
黒海
グルジア
（ジョージア）
カスピ海
ギリシア
トルコ
米英
NATO拡大!!

ロシアとウクライナは、幼くして別れた兄弟国です

砂山　ロシアとウクライナって何が違うんですか、って思いますよね。

茂木　簡単にいうと兄弟です。ロシア語とウクライナ語っていうのは、まあまあ方言みたいなもので。

砂山　ルーツは同じ？

茂木　はい。もともとロシアの都はウクライナのキエフっていうところにあったので。

砂山　モスクワではなくて。

茂木　モスクワの前はキエフ。キエフ・ルーシっていう国でした。ところが中世にモンゴルが攻めてきまして、モンゴルは散々やりましたよね。朝鮮でも、中国でもね。なんとキエフ・ルーシは滅ぼされたんですね。モンゴルに。200年間ロシアという国はなかったんです。モンゴル帝国の一部になっちゃった。200年ですよ。

砂山　長い期間ですよね。でも完全になくなっちゃってたわけではない？

茂木　完全にそのモンゴル支配に入っちゃったのがロシア本体で、わりと早い段階でロシアから離脱したのがウクライナです。ウクライナはどうやって離脱したかっていうと、西のポーランドに助けてもらったんです。ポーランドはカトリックの国です。だから、ちょっとウクライナ人っていうのは西ヨーロッパ的な文化の影響を受けていると。ロシア本体はまったくそれがないので、ここでかなり違った性格、国民性が生まれました。たとえて言うと、兄弟が幼いときに別れ別れになって、違う家庭に育っちゃったと。何年かぶりに会ったらなんか全然違う人になっちゃってて、「なんだ、お前は」ってなっちゃったんですよ。

砂山　育った環境で随分文化は変わるでしょうからね。

茂木　そうそう。だからウクライナっていうのは西ヨーロッパ的、民主主義的な文化があるのに対して、ロシアはモンゴルがそのままでずっと独裁と。

砂山　200年のモンゴルの支配が終わったあとはどうなったんですか？

茂木　終わったあとは、モスクワを都にしたいわゆるロシア帝国っていうのができまして、これははっきり言ってモンゴルのコピーですね。たとえば皇帝独裁体制、あと強力な騎馬軍団を持ってます。ロシアの騎馬軍団はなんていうかご存知ですか？

砂山　コサック。

茂木　そうですね。コサックダンスってありますね。あれですよ。あれはファッションとか完全にもうモンゴルですからね。

砂山　そっか。モンゴルルーツで強力な騎馬軍団を持つロシア帝国が生まれたと。

茂木　もともとコサックは、モンゴル支配を早く脱したウクライナで、農民の自警団みたいな形で生まれたものなんですが、カトリック教徒のポーランドに対する独立運動の過程で、ロシアに取り込まれていったんですね。ロシア人とコサックは同じ正教徒ですから。このコサック軍団こそ、ロシアがユーラシア大陸を席巻するランドパワーの源になっていくんですね。

砂山　それでウクライナのほうはどうなったんでしょうか？

茂木　ウクライナは結局ロシア帝国に呑み込まれちゃいました。そのときにロシアはあのクリミア半島も併合して、海軍基地をつくったということですね。

砂山　帝政ロシア時代にもうそうだったんですね。それでソ連に引き継がれて、ということで、結局ソ連が崩壊するまで、ウクライナを手放さなかったんですね。

ロシアがクリミアを手放したくない理由って何？

茂木　結局ロシアは寒すぎて貧しい。一方、ウクライナはすごい豊かなんですよね。穀物がたくさん穫《と》れますので、この食糧をどんどんどんどんウクライナはロシアに奪われたんです。

砂山　食糧の問題も大きなポイントである、と。

茂木　そうですね。なんでウクライナをロシアが手放さないかっていうと、だいたい2つ理由がありまして、ひとつはさっき申し上げた黒海への出口、軍港ですね。港があるという理由ですね。もうひとつは、ロシアは食糧自給ができないから。安い穀物が手に入るのがウクライナ。ロシアにとっての食糧倉庫だと。あと鉄鉱石も出ますしね。スターリン時代には共産党がウクライナの穀物を強制徴発した結果、数百万人規模の餓死者を出しています。このことを、ウクライナ人は忘れません。

砂山　という悲劇を生みつつ、ロシアはウクライナを手放したくない。大きくは2

つ。資源、食糧の面と、軍港という地政学的な面。これこそ、ロシアがウクライナをどうしても離したくない理由になっているわけですね。

さあ、ここから後半なんですけど、第二次大戦後のアメリカの、対ソ連の見方っていうのはどうだったんですか？

茂木　結局、それまではイギリスがロシアを封じ込めていたんですけども、イギリスがちょっと弱っちゃいまして、それにとって代わったのがアメリカなんですね。アメリカがＮＡＴＯ（北大西洋条約機構）っていう軍事同盟をつくって、イギリスも含めて、西ヨーロッパをがっちり固めちゃって、ギリシアもトルコも入れちゃって、ソ連をまた封じ込めた。

砂山　これで冷戦に入っていくわけですね。

茂木　アメリカの気持ちになってみると、敵のソ連を弱らせるためには、ソ連が一番大事に思っている部分を、すなわちウクライナを奪い取れと、こういうことです。

砂山　なるほど。ソ連が健在のときには難しかったと思いますけど。

茂木　だからソ連を解体させて、ウクライナを独立させて、できればウクライナをＮ

ATOに入れちゃえばもう完璧ですよね。

茂木　NATOっていうのは欧米のシーパワー軍事同盟ですね。ウクライナがNATOに加盟してクリミアに米軍基地ができたりすれば……。

ここがポイント

✓ロシアが恐れるのは、ウクライナのNATO加盟。

砂山　これはロシアとしては許せない、ということですね。ここからはウクライナ国内の話にいきますけど、かなりもめてましたよね。

茂木　これは朝鮮と同じであって、要するに大国が両側で相撲をとっていて、どっちにつくかって国内でもめるんですよね。もともとは同じ民族だし、石油とか資源も持ってるし、ロシアにくっついていようっていう親ロシア派、ランドパワー派。いやいや、ソヴィエト時代にどれだけおれたちがひどい目に遭ってきたか、だからアメリカの力を頼ってロシアから完全にバイバイしようっていうのが親欧米派、シーパワー派です。

帝政ロシアの時代から、東ウクライナとクリミアにはロシア人がどんどん入植していますので、真ん中にドニエプル川っていう川があって、その東が親ロシア派で、西が親欧米派にきれいに分かれるんですね。何回選挙をやっても半々に割れちゃって。

砂山　ずっと勢力が拮抗《きっこう》して、政権は、行ったり来たりみたいな感じだったんですよね。

茂木　二〇一三年に親ロシア派のヤヌコヴィッチ大統領が、EU、欧州連合、要するに西側の仲間に入るのはやめると言ったとたんに、その親欧米派が「ふざけるな」っていって暴れ出して翌二〇一四年に内戦になりました。首都キーウ（キエフ）の広場（マイダン）で両者が激突したので、これをマイダン革命といいます。

砂山　EUに入るぞっていうところまで来て、茂木さんがさっき言ってた、なんとか西側に取り込もうという流れができてたんだけど、直前で崩れて。

茂木　親欧米派が「邪魔しやがったな」っていうことで暴れ始めて、内戦になっちゃったと。あとでわかったのはアメリカが結構金出してたんですよね。親欧米派に。そのあとウクライナは親欧米政権になっちゃったので、プーチンがもうブチ切れました。

砂山　怒りましたか。結局、これは住民投票になりましたよね。

茂木　プーチンの策略は、ウクライナ全体を取り込むのは無理と考えて、少なくとも軍港のあるクリミアだけは離さないと。クリミアは実はロシア系移民が開いたので、ウクライナ人よりロシア人のほうが多いんですよ。だから、住民投票をやっちゃえば、クリミアは「ロシアに併合されたい」という結果が出るんですよね。そこで住民投票を強行してロシアに併合しちゃったと。

砂山　冷戦の再来といわれるほど米露関係が悪化しましたね。

茂木　ところが二〇一七年にアメリカでトランプ政権が発足すると、米露関係が良くなります。

砂山　どうしてですか？

茂木　トランプは「アメリカ第一」のナショナリスト。「ロシア第一」のプーチンとウマがあったのです。もうひとつは中国問題。トランプは最大の敵を中国と見ていたので、ロシアとは手を組んでおきたい。

砂山　安倍さんもプーチンと何度も会っていましたね。

茂木　安倍さんも同じ考えでした。中国包囲網にロシアを加えたい。だから北方領土問題とかあるけど、今はロシアと組むべき、という考えでした。

砂山　その安倍さんが退陣し、トランプも選挙で負けると……。

茂木　バイデン政権は、もとのオバマの線に戻ったわけです。「ウクライナの民主化」を支援し、ロシアと対決する。

砂山　プーチンからみれば、またアメリカがウクライナに介入してきた、ということですね。

茂木　もうひとつ、バイデン家の利権問題もあります。バイデンが副大統領時代にウクライナを訪問したとき、息子のハンター・バイデンを連れて行った。ハンターは、ウクライナのガス会社ブリスマの重役に迎えられ、多額の報酬を受け取ります。このブリスマ社の不正経理がバレて、ウクライナの検察庁が捜査に入ろうとしたとき、バイデン副大統領がウクライナ大統領に電話して、検事総長をやめさせろ、そうでないと経済支援を止めるぞ、と脅しています。

砂山　あのおじいちゃんが……。

茂木　とんでもない話です。外国企業からの事実上の収賄、そして内政干渉。そんなこんなで、バイデン政権下で米露関係がどんどん悪化していき、二〇二二年にはじまるプーチンのウクライナ侵攻に至ったわけです。ロシアのやったことは明らかな侵略行為ですが、ロシアを追い詰めたのはアメリカの民主党政権です。

ウクライナ紛争の根本的な原因とは？

砂山　ここでちょっと原点に立ち返りますけど、このウクライナ紛争、大国の勢力争いになってるみたいな話がありましたが、この根本の原因は何なんですか？

茂木　「ヨーロッパってどこまでですか？」という話ですね。

砂山　「いったいどこまでがヨーロッパですか」という問題。

茂木　そう。いまぼくの言っているヨーロッパっていうのは、要するにシーパワーですね。シーパワーがどこまでランドパワーのロシアに切り込めるのかっていう話ですね。

砂山　その境目がちょうどウクライナの辺りに。

茂木　真ん中辺になる。

砂山　だからこそ、そこがシーパワー対ランドパワーの最前線になっていて。

茂木　こういうことを言うとウクライナ人は怒っちゃうと思うんですけれども、ロシア人が多い東側とウクライナ人が多い西側とで、国を分けるほうがいいと思いますよ。東西に。そのほうが平和になりますよ。

砂山　結局、そこに境界線があるからどうしてもずっと紛争が起きちゃう。

茂木　そう。だから結局、住民の気持ちと国境線が合ってないからトラブるっていうのが、後でお話しするシリアとまったく同じ。あるいは、分けなくても西と東でそれぞれ大幅な自治を認めるとかね。連邦制にするとかね。

砂山　国は国として維持しつつ、自治は別々で。結局選挙で拮抗して、内戦になってっていうのが繰り返されるんなら、そっちのほうがいいかもしれないですけどね。

茂木　と、ぼくは思います。

砂山　このウクライナ問題は、日本とロシアとの関係にどんな影響がありますか？

茂木　「他人の不幸は蜜の味」っていいますよね。ロシアが困ってるっていうのは日本にとってはラッキーなんです。プーチンさんは世界から孤立しちゃって困ってるんですよね。だからそこに日本がちょっと助け船を出してやるみたいな、仲介してあげるみたいな、ということをするのがいいと思うんですよね。日本がアメリカと一緒になってロシアを叩くと、ロシアは中国に助けを求める。日本にとって一番困るのは、ロシアと中国がくっついちゃうことです。

砂山　ランドパワーの大国同士が。

茂木　もうくっつきつつありますからね。そこを離さないと日本の安全が危ないです。

砂山　ある種、ロシアが日本にちょっと助けを求めてくるような、仲介を求めてくるような事態だと、日本にとってはありがたいということになるわけですね。

茂木　そうですね。

［茂木のワンポイント］地政学

- ロシアにとってウクライナは穀倉地帯。クリミア半島には黒海艦隊の軍港があるから手放せない。
- アメリカは、ウクライナをロシアから切り離し、NATOに加盟させようと画策してきた。
- ウクライナ人自身が、東の親ロシア派（ランドパワー派）と西の親欧米派（シーパワー派）に分裂しているのが、ウクライナ紛争の最大要因。
- ウクライナ戦争で米露関係が悪化すれば中露が接近しユーラシアにランドパワー同盟が生まれる危険がある。

第10章 ヨーロッパの移民問題から日本が学ぶべきこと

移民問題の原点は植民地支配

砂山　内戦の続くシリアなどを逃れた多くの難民がヨーロッパに押し寄せています。EUは各国で分担して難民受け入れを決めましたが、問題の解決には程遠いのが現状です。また、ヨーロッパ各国では移民による失業率上昇や治安の悪化などが深刻な社会問題になっています。ヨーロッパの移民問題はなぜ起こり、なぜ深刻化しているのか、今回も歴史からひも解いて、地政学から移民問題を見ていこうということですね？

茂木　砂山さんも移民ですよね。

砂山　ええっ？

茂木　あれ？　お生まれは山口でしたよね？

砂山　山口です。

茂木　なんで山口を捨てて出てきたんですか？　東京に。

砂山　あっ、そういう意味では東京に移ってはきましたけど。大学でこちらに来ましたけど、最終的には仕事を求めて。

茂木　結局、東京に来たほうがよりよい収入があるっていうことを見通して出てきたんですよね。たぶん山口にいたら、アナウンサーやってないですよね。

砂山　そうですね。

茂木　同じなんですよね。結局。仕事が欲しい、豊かさを求めて来るのが移民なんです。今回の地図（２０１ページ）はヨーロッパです。ちょっと砂山さん、これを簡単に説明してください。まず真ん中に何がありますか？

砂山　真ん中に地中海があります。

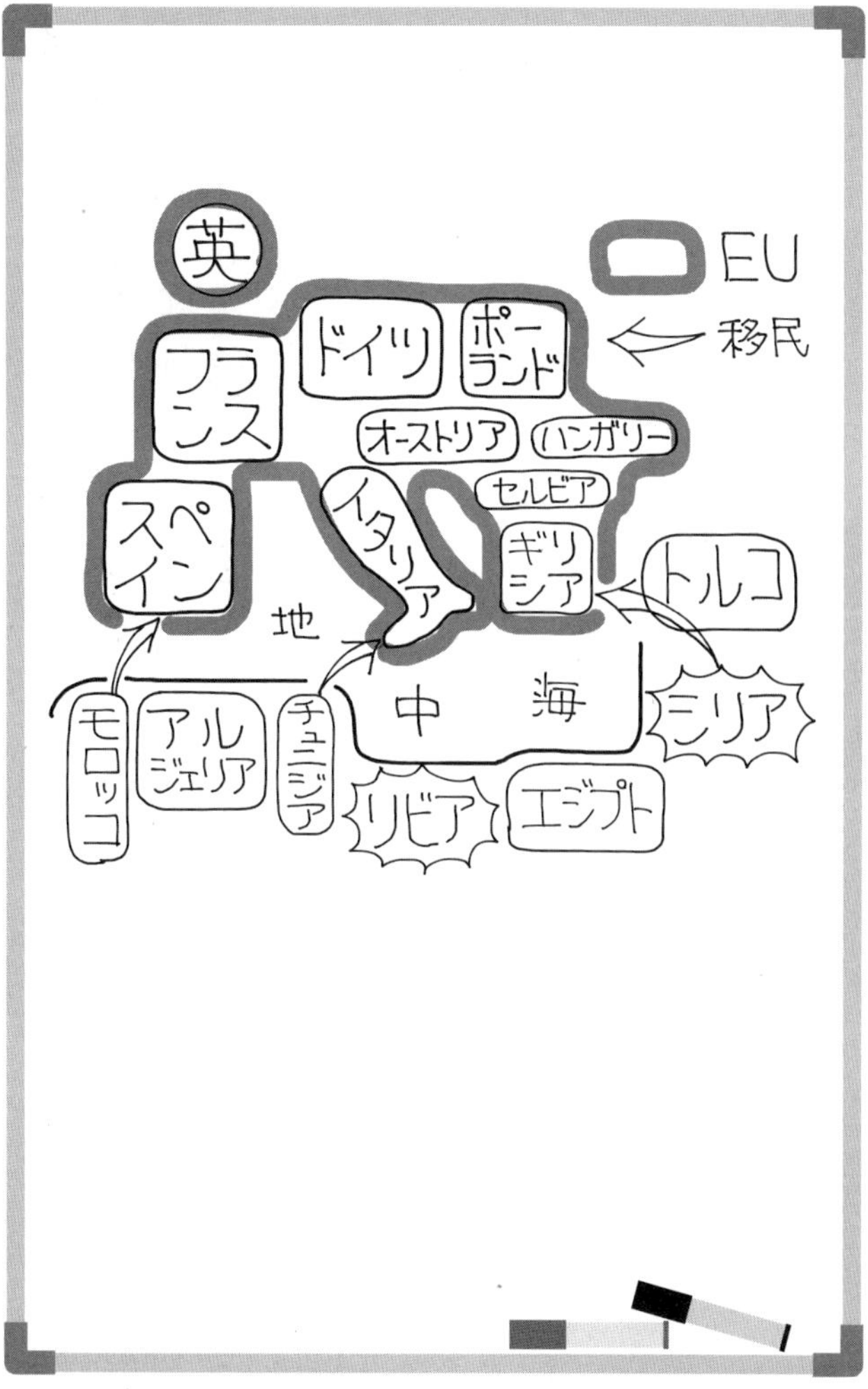
英
EU
移民
ドイツ
ポーランド
フランス
オーストリア
ハンガリー
セルビア
スペイン
イタリア
ギリシア
トルコ
地中海
シリア
モロッコ
アルジェリア
チュニジア
リビア
エジプト

茂木　地中海ってかなりでかいですよね。瀬戸内海よりでかいですよね。イタリアが日本と同じぐらいですので、地中海を渡るのはちょっと無理ですよね。その南側に貧しい国々があって、北アフリカと中東の国々、これがアラブ世界、イスラム世界です。北はヨーロッパ諸国で豊かだと。だから、どうやってヨーロッパに入っていくのかと、ここは地政学ですね。通路が3つあるんですよね。どこですか？

砂山　先生が矢印を引いてくださってますので、モロッコのところからスペインに、チュニジアのところからイタリアに、シリアからギリシアに。

茂木　いまはちょっとシリアが内戦でもうぐちゃぐちゃですので、問題になっているのはこのシリアルートですよね。

砂山　でも海がある。それこそ瀬戸内海と全然規模は違いますので渡るのは相当大変。

茂木　もう一つ、目に見えない壁がありまして、それは言葉ですよね。あと宗教ですよね。山口から東京に来るとき、言葉のギャップはありましたか？

砂山　言葉のギャップは特になかったです。

茂木 ないでしょ。そこ、重要ですよね。実は彼らにとってヨーロッパというのは、言葉の壁は乗り越えやすかった。

砂山 なぜですか?

茂木 この地域はもともと西欧諸国の植民地だったんです。北アフリカ、西からいいますとモロッコ、アルジェリア、チュニジアが、フランス領です。ですから高等教育を受けた階層はフランス語ができると。リビアがイタリア領だったのが後にイギリス領になって、あとエジプトがずっとイギリス領で、シリアがフランス領ということですね。

砂山 いまは中東からの難民が問題になってますけど、それ以前から問題になっていたのはアフリカからの移民ですよね。

茂木 そうですね。

アラブ諸国が独立後も経済発展できなかったのはなぜ?

砂山 北アフリカも地図で見ると国境線がまっすぐですよね。

茂木　そうなんですよ。本当に定規で引いたような線ですね。これはヨーロッパ列強が引いた線です。もともとみんなアラブ人ですからね。

砂山　第二次大戦後、植民地支配は終わりますよね。

茂木　終わりました。イギリスもフランスも世界大戦で疲れちゃって、その間に彼ら、北アフリカや中東の国々が一斉に立ち上がっちゃって、フランスなんかはもうボロボロになって負けていくんですね。最後に独立したのがアルジェリアで一九六二年。大戦が終わってから20年近く経ってますよね。その間、凄まじい独立戦争をやってます。

砂山　独立をしたあとはどうなるんですか？

茂木　フランス、イギリスに対する反感がありますから、そこにつけ込んできたのがロシア、当時のソ連ですね。

砂山　ここでまたロシアが出てくるわけですね。

茂木　「お前たちアラブ人を助けてやるから、ちょっとおれのほうに来いや」とか言って誘って、「社会主義やってみろよ」とか言って。だからみんなソ連のミニチュアコピーみたいな国になっちゃったんです。独裁政権で、計画経済で。シリアのアサドとか、リビアのカダフィとか。エジプトのムバラクとか。

砂山　まともな選挙をしてこなかった。

茂木　だから、だんだん腐っていくと、賄賂《わいろ》が横行すると。そうすると人々は勤労意欲をなくしちゃうんですね。だって頑張っても無駄じゃないですか。

砂山　だから経済的には発展しない。

茂木　はい。独立したのに全然豊かにならない。しょうがないから、大っ嫌いなフランスに出稼ぎにでも行くか、ってなるんですよ。

砂山　そのときは、ヨーロッパ側では問題にならなかったんですか？

茂木　一九五〇年代、六〇年代のヨーロッパは好景気だったんですね。戦後復興で仕事もいっぱいあったんですよね。人手が全然足りないから移民を受け入れて、安い賃金で働かせればいいんじゃないかって、ちょっとえげつない考えで移民を受け入れちゃったと。

砂山　ヨーロッパにとっても当時は都合がよかったわけですね。景気がいいときは移民を利用したってことですけど、ヨーロッパもずっと景気がいいわけではないんですよね。

茂木　やっぱり七三年の石油危機ですよね。あれで経済成長が止まっちゃいます。そうするとどうしますかっていう話で。パリの周りなんかはもう移民だけの団地がバーッとできちゃったんですよね。しかも家族を呼んでると、いまさら追い返せないと。それで困っちゃったんですよ。

欧州移民問題とテロはつながっているのか？

砂山　家族も呼んだ、子どもも生まれました。移民として来た人たちの人口も増えていきます。となると、そこでどういう問題が起きるんでしょうか？

茂木　フランスで生まれたのに仕事がない、名前で差別されちゃう。「ああ、アラブ系か」とか言われて。そうするとフランスに対する不満がどんどん高まっていくんです。だから、移民の2世3世のほうが反西欧的な感情を持っちゃって、その反動でイスラムのほうにいっちゃうんですね。

砂山　後半の話にもたぶんつながってくると思うんですけど、景気が悪くなった、失業者が増えている、治安も悪くなったとなれば、ヨーロッパの人たちの移民に対する感情も、当然変わりますよね。

茂木　変わりますね。「あいつらが仕事を奪っている」と思う人も出てくる。

砂山　移民に対する差別みたいなものも出てくるわけですね。ところで、移民の人たちの母国、もともとの国々は、その後どうなっていったんですか？

茂木　アラブ諸国のバックについたのがソ連でしたね。そのソ連が冷戦に負けちゃいまして、崩壊しますよね。そうすると援助が止まります。もともと貧しかったのが、もっと貧しくなっちゃうと。困ったアラブ諸国はどうしたかというと、冷戦の勝者であるアメリカに助けを求めるんですよね。

これをアメリカから見ると「お前ら、いままでソ連にくっついてたくせに、今度はこっちに尻尾《しっぽ》を振ってくるのか。助けてほしかったらアメリカ方式を受け入れろ」と要求します。社会主義をやめろ、市場経済重視にしろ、国有企業を民営化しろ、ということになりますね。経済自由化っていうことは自由競争、アメリカ型の弱肉強食、自己責任の世界です。そうするとその競争に負けた人たちがまた社会を恨むということです。

砂山 そこにもまたイスラム原理主義っていうのが……。

茂木 ワーッとはびこってくる。

砂山 ということですね。さて、いよいよ二〇一〇年代、移民の母国である北アフリカ、中東のアラブ諸国で、独裁政権が次々に崩壊しましたよね。

茂木 いわゆる「アラブの春」ですよね。このとき崩壊した独裁政権っていうのは、要するに親ロシア派、旧ソ連派の社会主義政権なんですよ。

「アラブの春」で崩壊したのは、親ロシア派の独裁政権だけ

砂山 もともとロシアとつながっていた。

茂木 全部そうです。チュニジアのベン・アリ政権も、リビアのカダフィ政権も、シリアのアサド政権も、エジプトのムバラク政権も、全部そうです。「アラブの春」は、

ここで起こったんです。で、面白いのは、たとえばサウジアラビアっていう国があります。あそこはウルトラ独裁です。

砂山　王国ですもんね。

茂木　議会もない、選挙もない、大臣は全部王族、全部サウード家、民主主義ゼロ。なのに、あそこは「アラブの春」が起こらないんですよ。不思議ですよね。クウェートもそう。親ロシア派政権だけ起こるんですよ。ということは、誰かが起こしているんですよ。

砂山　なるほど。あのときにツイッターとか、いわゆるソーシャルネットワーク（SNS）で革命が広がった、みたいに言われましたけど。

茂木　アメリカの要求で経済自由化とともに情報も自由化しろとなってきて、携帯が普及するわ、SNSが普及するわ、その結果、独裁体制がグダグダになっていったんですよね。それを西側諸国は「アラブの春」とほめたたえたわけです。「じゃあ、なんでサウジの独裁は放っておくの？」っていう話なんですね。

砂山　豊かな国ですよね。サウジというのは。

茂木　つまり、サウジはちゃんとアメリカに石油を売ってくれるんですよ。クウェートも。

砂山　という見方もできるわけですね。ひとまずこの「アラブの春」の続きをうかがいたいんですけど、独裁政権が倒されて民主的な政権ができました。これで社会が安定するかなと思いきや……。

茂木　全然そうなってはないですよね。これはアメリカの誤算です。アメリカは要するに西ヨーロッパ型の民主国家にしたかったんですよ。ところが、アラブの民衆に一番人気があったのは実はイスラム主義なんですね。イスラムに戻ろうっていう考えです。

砂山　改めて、「イスラム」って何だ？　という疑問が湧いてきます。

茂木　簡単に話しますね。イスラム教が一番大事にする価値観っていうのは「平等」なんです。唯一神アッラーの前に万民は平等であると。貧富の差はあってはならないんです。金持ちは貧乏人に施《ほどこ》しをしなければならない。そういう本来のイスラムに戻ろう、コーランに戻ろうという政党やグループがどの国でも選挙で勝っちゃうんです。そうすると、アメリカは困るんですね。これはアメリカの価値観である「自由主義」に反するから。

砂山　自由競争をしたいのがアメリカですからね。やっぱり平等なんだってなると、アメリカは困ると。

茂木　困るんですよ。だから結局あそこのゴタゴタっていうのは、親ロシア派と、親欧米派と、それからイスラム回帰派の、三つどもえの争いが続いてきたという図式です。ソ連崩壊で親ロシア派が倒れたあとは、イスラム回帰派と親欧米派が争っている。唯一親ロシア派が残っているのがシリアなんですよね。アサド政権です。あそこはいまだに三つどもえ。

砂山　大国同士の争いが受け継がれて、大きな争いに発展してしまったということですね。

さて、シリア難民の流入が大問題になっていますね。

茂木　ここで質問です。砂山さん、「難民」と「移民」って違うんですか?

砂山　違うでしょう。

茂木　どう違うんですかね。砂山さんは「難民」じゃないですよね。

砂山　「難民」ではないですね。あえていえば「移民」ですね。仕事を求めて渡っていくイメージです。「難民」は、戦争に巻き込まれて、命を守るために移動する。

茂木　そうなんですよ。戦争とか政治的な迫害を受けて逃げてくる人は「難民」です。

砂山　難民条約ってありますよね。

茂木　あります。「難民は保護しましょう」っていう、国際的な合意ができているんです。その一方で、単に金を儲けたいから来る人は「移民」です。これは分けないといけない。

砂山　いまEUの中で国によってこの難民の受け入れに温度差がありますよね。

茂木　はい。なぜかというと、「難民」と「移民」とは実際には区別がつかないんです。「難民」か、「移民」か、っていうのは要するに自己申告なんですよ。だから砂山さんが東京に来て、「ぼく、山口県で迫害されました」って来ちゃうと、そうかもしれない。

砂山　ちょっと笑えない冗談ですけどね。確かに見た目ではわからない。

茂木　「移民」って言うと追い返されちゃうけど、「難民」って言うと保護してもらえるから、みんな「難民、難民」って言うじゃないですか。

砂山　区別がつかない、というところが問題になっているわけですね。

茂木　いままでずっとヨーロッパ各国は、「移民」についてはやっぱり制限してきたんですね。ところが今回のシリアの内戦で「難民」がドッと来ちゃって、もう区別がつかない。

砂山　ヨーロッパ、EU内部っていうのは、行き来が自由になっていますよね。国境

ここがポイント

✔ 政治的迫害を受けた「難民」と、豊かな生活を求める「移民」とは、実際には区別がつかない。

はありますけど、行き来は自由ですよ。通貨も統合して、っていうかたちになっていますし。

茂木　シリア難民の立場で考えると、シリアとフランスはつながってない。シリアとドイツもつながってないですよね。けれども、シリアから隣国トルコに逃げて、トルコとギリシアも隣なので、ちょっとボートを出すとすぐ着くんですよね。だからまずギリシアに入っちゃえと。ギリシアはEU加盟国ですから、ギリシアに入っちゃえばあとはフリーなので、どこでも行けちゃうんですね。一番稼ぎのいいところ、たくさん受け入れてくれるところ、一番景気がいいところっていうとドイツなんです。ドイツのメルケル首相が、「難民受け入れます」なんて言っちゃったので、バーッと移民が殺到しちゃって、1週間で受け入れをやめましたね。「もうだめです」「無理です」って。

砂山　あまりにも想定した人数を大幅に上回る。もともと国境をなくしたはずなんだけど、またちょっと線をつくろうかみたいな動きにもなってますよね。

茂木　もう収容人数がオーバーしちゃいました。それでもギリシアから東欧経由でシリア難民がぞろぞろやってくる。通過地点の国々もえらい迷惑していて、ハンガリーは国境に有刺鉄線のフェンスを建てて、催涙ガスで難民を追い払っています。

砂山　そんななかで、パリで大規模なテロも起きました。世論も移民を素直に受け入れられなくなっているっていう環境はありますよね。

茂木　ヨーロッパ人は常に揺れていて、「ヨーロッパは1個の家だ」という理想を掲げるグループと、「いや、言葉は違うし、別の国だろう。なんでドイツがギリシア助けるんだ」とかいう一国主義の世論と両方あって、テロが続けばどんどん内にこもっていきますよね。

砂山　そうすると、移民の2世、3世にとっても非常に生きづらい社会になってきますよね。

茂木　もうヨーロッパの景気は戻らないでしょう。ギリシアもあんな感じですし。そうすると仕事がない、移民2世、3世のうっぷんが溜まっていく、家にこもってネットやってる、そこにイスラム過激派ＩＳ（イスラミック・ステイト）のビデオが流れちゃうんですね。お誘いが来るんですよ。勧誘が。「じゃあ、ちょっと行ってみようかな」ってなっちゃうので、パリの連続テロ事件の犯人もベルギーに住んでいた移民2世の若者たち。つまり、シリア本国じゃなくて、ベルギーで生まれた移民の若者たちですね。

砂山 自分たちが育ってきたフランスに対する恨みというか、そういうものをぶつけてしまっていると。自分たちが求めているもの、アイデンティティみたいなものだと思うんですけど、それがISのほうにいってしまっているっていう。

茂木 もちろん、ごく一部の若者ですけどね。

砂山 逆にヨーロッパ諸国のほうも、選挙で過激な政党が勝つみたいな動きもあります。

茂木 移民問題は、国境を超えて人が移動するグローバリズムが引き起こした問題です。ヨーロッパ人はようやく目覚め、もうグローバリズムはたくさんだ、EUに命令されるのも嫌だ、自国第一の政治をやってくれ、という運動が起こっています。フランスでは、国民連合（かつての国民戦線）という政党が躍進し、ル・ペンという女性指導者が二〇二二年の大統領選挙で2位になりました。ドイツでもAfD（ドイツのための選択肢）という政党が大躍進しています。次回お話しするイギリスのＥＵ離脱問題も、根っこはここにつながるんです。

〔茂木のワンポイント〕地政学

- 欧州移民問題は、中東の植民地支配の負の遺産。
- ソ連の支援で社会主義化を進めたアラブ諸国は、経済的に破たんし、欧州への移民を生み出した。
- 欧州諸国は労働者不足で移民を受け入れたものの、景気後退で移民の2世、3世が職を失った。
- 移民は制限できるが、難民は受け入れ義務が生じる。そして両者は区別ができない。

第11章 イギリスが脱退！ EUで何が起きているのか？

地政学では「ヨーロッパは半島である」

砂山　さあ、今回のテーマはこちらです。「イギリスが脱退！ EUで何が起きているのか？」。ギリシア危機、ウクライナ問題、難民問題にイギリスの脱退問題。いまヨーロッパで起きているさまざまな問題の根幹には何があるのか。歴史と地政学で解き明かしていただきます。

茂木　今回の主役は実はイギリスです。イギリスから世界を見るとこう見えるっていうことをお話しすると、ちょっと世界の見方が変わると思うんですね。

砂山　ヨーロッパを地政学の観点で見ると、まずどうなるんでしょうか？

茂木　ヨーロッパとは何か。「半島である」。

砂山　半島って言うには大きい感じがするんですけど、半島である、と。

茂木　「半島である」。2回目の授業のときに、「アメリカが島だ」っていう言い方をしました。ヨーロッパっていうのはユーラシア大陸の西に出っ張った、ちょっと大きめの半島と考えるとよくわかる。

砂山　この半島としての地政学の考え方っていうのはどうなるんですか？

茂木　これは、朝鮮のときにやりましたよね。半島国家っていうのは付け根にある大国から攻め込まれちゃうとやばいということでした。なので、砂山さん、この地図（221ページ）をまた見ていただいて、ヨーロッパ半島の付け根にあるでかい国は何でしょう？

砂山　ヨーロッパ半島の付け根、ロシア。

茂木　ロシアなんですね。でかすぎますよね。あれ。

砂山　そうですね。

茂木　あそこに常にああいう巨大国家があったんですね。ちょっと遡《さかのぼ》ると、古代に

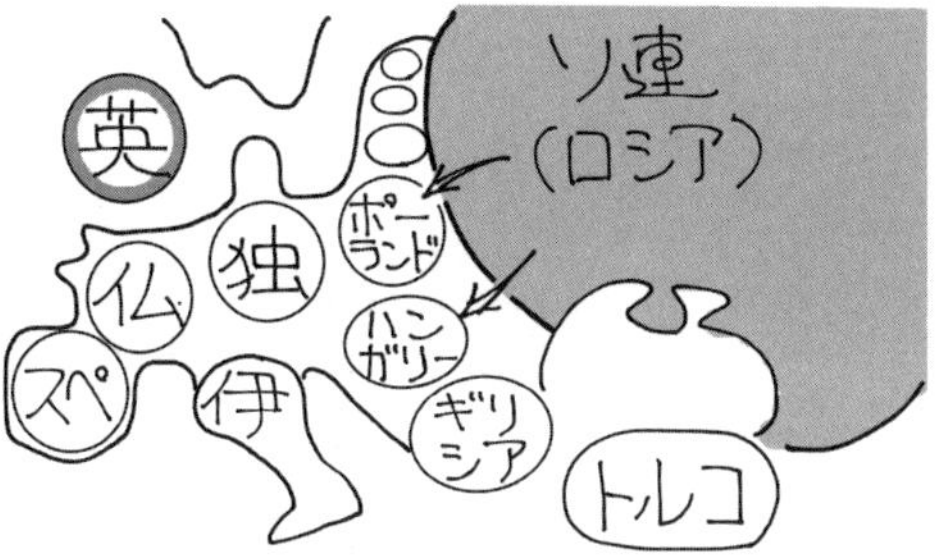

▲ ヨーロッパは「半島」である。

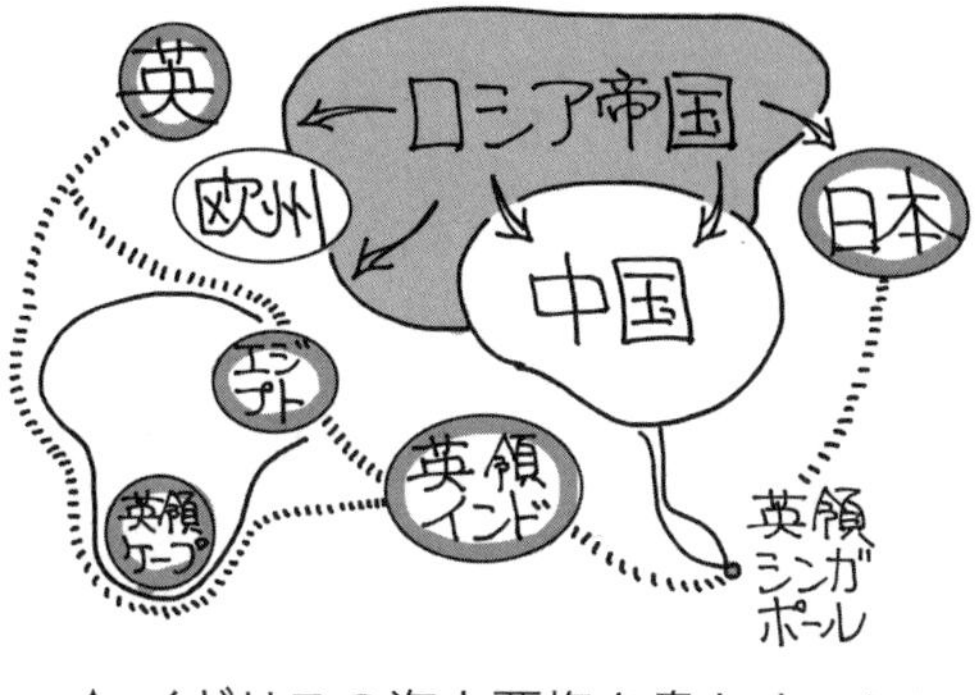

▲ イギリスの海上覇権を脅かすロシア

おいてはフン族って知ってます？

砂山　フン族。ゲルマン民族大移動を引き起こしたやつですね。

茂木　それから、中世にはあそこはモンゴル帝国だったんですよね。

砂山　モンゴルが西に広がったわけですよね。

茂木　モンゴルはドイツまで攻め込んでますからね。モンゴルの後釜《あとがま》になったのがロシアだっていうお話はもうしましたよね。

砂山　はい。

茂木　常にそういう内陸の遊牧国家によってヨーロッパっていうのは脅かされてきた。それが近代になると、鉄道と戦車で武装したロシア軍にとって代わったということですね。

砂山　ヨーロッパの付け根をロシアが押さえていたということですね。この東からの脅威、ひと言でいうとロシアの脅威に対して、ヨーロッパ側はどう対抗したんでしょうか？

茂木　ヨーロッパといっても実は一概には言えないのであって、地図を見ていただいて、ロシアに直接攻め込まれちゃう国ってどこなんでしょうね。

砂山　ポーランド、ハンガリー。

茂木　あとドイツの東半分ぐらい。あと、ポーランドの上にある小さい丸印が北から順にエストニア、ラトビア、リトアニアのバルト三国といいます。あのへんが一番危険地帯なんですね。フランスとかは割とのんきで、一番のんきな国はどこでしょう？ロシアに攻め込まれる危険がない国は？

砂山　イギリス。

茂木　なぜですか？

砂山　それは島だからですね。海があるから。

英語が国際語になった地政学的理由とは？

茂木　そうなんですよ。これはもうイギリスは圧倒的に有利なんですよ。地政学的に。だからそこがイギリスっていう国の性格をつくったといえます。

砂山　これが国の性格に関わってくるわけですね。イギリスはもう地政学的に半島とは違うポジションにある。ここが違う。

茂木　はっきり言うと、イギリスはヨーロッパじゃないと思ったほうがいいです。ヨーロッパ半島じゃない。イギリスとちょっと似てる国があって、それが日本ですよね。

砂山　そうですね。

茂木　日本も完全な島であって、大陸の国家から攻め込まれることがないですよね。

砂山　茂木さんの描いた地図、こんなに簡単に世界地図描いてあるのは初めて見ましたけど、確かに日本も島国で、大陸からの脅威は少ないですね。

茂木　ところで、砂山さんは、外国語はできますか？

砂山　外国語はできません。英語はなんとかちょっと聞き取れます。

茂木　ちょっと聞き取れるぐらい自信がある。なぜあなたは英語ができるんですか？

砂山　中学高校で習ったから、っていうことだと思います。

茂木　そうですね。なぜ習ったんですか？

砂山　世界で一番通じるから。

茂木 結局、「イギリス語」ですよね。英語っていうのは。イギリス語が世界で一番通じるんですよね。でも不思議ですよね。イギリスって日本より人口少ないんですよ。

砂山 そうですね。

茂木 他の北欧の、たとえばデンマーク、ノルウェーと変わらないような小さな国ですよ。なんでその「イギリス語」がこんなに世界で通じるかっていうことですよ。

砂山 確かに。いま人口比率でいうと、中国語とかのほうが使っている人が多いっていう感じがしますけど、そうですね。なんででしょう。

茂木 それは、イギリスが世界中に植民地をつくったからですよ。

ここがポイント

✔ 地政学的には、イギリスはヨーロッパではない。

砂山　英語を使う国を増やしたから。

茂木　そう。アメリカもカナダもそうですね。オーストラリアもそうですね。インドもそうですね。あとマレーシア、シンガポール。みんな通じるんですよ。ただのイギリス語が世界共通語になっちゃったと。では、なんでイギリスみたいな小さい国が、そんな大植民地帝国をつくることができたのか？

砂山　それはなんででしょう。

茂木　島国だからです。たとえばドイツを見てください。東がポーランド、西がフランス、北はデンマーク、南はイタリアですね。つまり、お隣さんがいっぱいいるんですね。しょっちゅう攻めたり攻め込まれたりをやってるんですね。だから、ドイツ本国を守るために常に大軍を置かなきゃいけない。ところが、イギリスを攻めようって国はないんですよ。海を越えて。だから、イギリスの防衛には大規模な軍隊はいらない。

砂山　なるほど。そうか、兵力に余力があるわけですね。

茂木　余力がある。イギリス、フランスの間の海峡のことをドーヴァー海峡っていいまして、この海峡の防衛力はだいたい100万人の軍隊に相当すると。

砂山 実際に大陸側から攻めて来た、みたいなことはないわけですか？

茂木 大陸からイギリスに攻め込んで成功した最後の例が、十一世紀、ノルマン・コンクエストっていいます。ヴァイキング、海賊ですね。そのボスが攻め込んできて、いまのイギリス王室のもとになったんですけども、それだけです。そのあとなんと1000年間、イギリスを占領できた国はひとつもない。

砂山 ということなんですね。それぐらいあのドーヴァー海峡が。

茂木 もう鉄壁です。

砂山 鉄壁なわけですね。

茂木 海があるから守れると。なので余力を海外に派遣しても全然OK。他のヨーロッパの国はできないですよ。怖くて。

砂山 だからイギリスは世界に進出して植民地をつくっていったわけですね。

茂木 そうですね。

砂山 ロシアに対する脅威が少ないこのイギリスっていうのは、大陸のヨーロッパとどうつき合ってきたんでしょう。

イギリス外交の原則「オフショア・バランシング」とは？

茂木　イギリスにとって一番都合のいい状態は、ヨーロッパの国同士が常に争ってること。ドイツとフランスとポーランドとイタリアがずーっともめてると、イギリスに攻めてこないじゃないですか。ところがヨーロッパがたまに、まとまっちゃうときがあるんですね。ナポレオンとかヒトラーとか。そうすると、ヨーロッパ連合軍ができちゃってイギリスに襲ってくる。困るんですよ。

砂山　だから、ヨーロッパの国が常にバラバラになるようにイギリスはずっと仕掛けをしてきたんですね。

茂木　そうそう。「他人の不幸は蜜の味」っていうのでね。これをオフショア・バランシングっていいまして、オフショアっていうのは沖合のこと。沖合から大陸を眺めてバランスをとるっていう意味です。強い国が出ると潰すということなんです。

砂山　「まとまらないでよ。みんな喧嘩しててよ」っていうふうに見てたわけですね。

茂木　そうですね。

砂山　茂木さんの話に「イギリス対ロシア」っていう話がよく出てきますけど、要はヨーロッパで喧嘩してるときに、その先のロシアをイギリスは見てたと。

茂木　十九世紀、イギリスが圧倒的な海軍を持ってまして、いまのアメリカのような国でした。なので、イギリスはどこの国とも同盟を組まないで、「光栄ある孤立」と言ってたんですね。圧倒的な海軍力で自分の国だけで植民地を守れると、こういう意味です。

砂山　だから、ある種本当に独立した存在だったわけですね。

茂木　そうそう。そのイギリスの唯一の頭痛の種っていうのがロシアなんですね。ロシアが世界中のイギリス植民地を脅かしていくと。

砂山　ロシアに対抗するために、イギリスはいろいろやっていくことになるんですか？

茂木　はい。「グレートゲーム」っていう言葉がありまして、これは十九世紀、ロシアとイギリスが世界中を奪い合った争いのことを「ザ・グレートゲーム」っていうんですね。ちょうどチェスのゲームのように植民地を奪い合ったという意味ですね。

砂山 イギリスとロシアは、直接ぶつかってはいないですよね。

茂木 うん。だいたいイギリスは忙しいので、代理をつくっておくと。その典型が日本ですよね。日本では日英同盟を結んで、それでロシアに勝ったって教えますけども、あれは「英日同盟」、はっきりいえば、日本は「将棋のコマ」です。

砂山 それはイギリスから見れば。

茂木 勝てばよし、負けても将棋で「歩《ふ》」を取られたぐらいのもので、痛くも痒《かゆ》くもないということです。日英同盟には、ロシアとの戦争中、イギリスは日本に援軍を送る、とは書いてないんです。「好意的中立を保つ」、これだけです。あとは頑張れ、と。

砂山 そのイギリスが、第二次大戦ではソ連と組みましたよね。

茂木 これは失敗ですよね。

砂山 失敗ですか。

茂木 なんで失敗したかっていうと、ランドパワーが2個できちゃって、スターリンのロシア、ソ連と、ヒトラーのドイツ、どっちが凶暴かって、「まあ、ヒトラーかな？」と考えたイギリスのチャーチルが、ヒトラーを潰すのを優先して、スターリンとは手を組もうってやっちゃった。その結果、ヒトラーを潰すのはうまくいったけれども、ソ連が勢力を拡大していって、東ヨーロッパも中国もみんな共産化しちゃったのが、第二次大戦ですね。

砂山　ソ連というランドパワーの膨張。これはイギリスにとっては失敗だった。

茂木　スターリンのほうが一枚上手っていうことですね。

砂山　さあ、ここから戦後、ヨーロッパのパワーバランスは変わりましたよね。

茂木　そうですね。イギリスから見て、やっぱり第二次大戦っていうのは大失敗だったんですよ。ひとつは、ソ連の台頭を許したっていうことと、もうひとつは、同じシーパワーの日本と戦っちゃったこと。イギリスが持っていた植民地が、日本との戦争中にどんどんどんどん独立、目が覚めちゃって、結局インドもマレーシアもみんな独立しちゃったじゃないですか。だからイギリスは植民地帝国を失った。これは勝ったって言えますかね？

砂山 大きな損失ですね。イギリスから見ると。

茂木 だからもう「光栄ある孤立」なんて言ってられなくなっちゃったんですよ。マーケットがないし。しょうがないからイギリスはそれまでの方針を転換して、ヨーロッパにすり寄るようになったんですね。それで、ヨーロッパの仲間に入れてくれって言い出して、ヨーロッパ統合に入るんですよ。

西欧諸国がEU結成に動いた真の理由

砂山 「光栄ある孤立」ではなくなったわけですね。

茂木 もうやめると。

砂山 で、EC（欧州共同体）の経済統合にも参加した。そのあとまたパワーバランスに変化が起きたのが、「ベルリンの壁崩壊」ですよね。

茂木 そうですね。それで、ベルリンの壁崩壊によって、東西に分断されていたある国がひとつにまとまりました。なんていう国でしょう？

砂山 ドイツですね。

茂木　ドイツっていうのはランドパワーですよね。そのドイツのヒトラーが暴れちゃって負けた結果、東ドイツ・西ドイツに分断されて、ヨーロッパの国々は「ああ、よかった」って思ったんですよ。これでしばらくドイツはおとなしいだろうと。実際、西ドイツっていうのはアメリカの子分だったし、東ドイツはソ連の子分だったので。

砂山　その東西ドイツが合体するっていうことは？

茂木　あのヒトラーのドイツがよみがえるのかって、みんな恐怖、パニックに陥《おちい》ったんですよ。特に周りの国、フランスとか散々ドイツと戦った国っていうのは、非常にそのことを恐れていたわけです。そこで、ドイツが暴走しないように、欧州連合、ＥＵっていう枠をつくろうと。だから、東西ドイツの統一が九〇年、マーストリヒト条約でＥＵができたのが九三年ですからね。あれは実はドイツを縛り上げる体制であった。

砂山　ドイツが暴走するかもしれない、それを抑えようっていうので、ＥＵができたということなんですね。

茂木　そういう面があるんですね。

砂山　ベルリンの壁崩壊とともに、イギリスの天敵ソ連が崩壊して、そのあとの新生ロシアは弱まったかなと思ったんですけど、またプーチンさんになってちょっと変わったかなっていう感じですよね。

茂木　イギリスから見ると、ランドパワー同士が組んじゃ困るわけですよね。だから、ロシアとドイツが争ってくれればいいんだけども、どうもプーチンになってから、どんどんどんどんロシアとドイツが接近してるんですよね。メルケルおばさまと。

砂山　メルケル首相と。ドイツもエネルギーはロシアに依存しているっていいますよね。

イギリスはなぜEU離脱へとカジを切ったのか？

茂木　EUっていうのはドイツを抑え込むって言ってたくせに、結局ドイツに仕切られてるじゃないかと。やっぱり経済力ですよね。ドイツのね。だったら、ドイツに頭下げるのは面白くないっていうのが、あのイギリスのEU離れのひとつの要因ですね。

砂山　だからＥＵから離れようという話になってきている。

茂木　ＥＵは統一通貨っていうのを導入しますよね。なんでしたっけ？

砂山　ユーロ。

茂木　ユーロですね。ところがイギリスはＥＵに入っているのにユーロを導入してないんですよ。いまだに。

砂山　ポンドのままですね。

茂木　ポンドを使っているんですよ。あれは結局、ユーロっていうのはドイツが仕切ってるんですね。ユーロを発行する欧州中央銀行はドイツのフランクフルトにあって、最大の出資国がドイツです。だからイギリスは、ドイツに頭下げたくねえという。

砂山　難民問題とかいろいろ問題が起きているっていう、ギリシアの問題もあるっていう現状は、どう見ているんでしょう。

茂木　やっぱり難民問題がイギリスのＥＵ離れの直近の一番大きな理由ですね。つまり、ＥＵに入ってると難民が来ちゃう。国境線がフリーパスですから。イギリスの場合、例のドーヴァー海峡があってそう簡単に渡れませんが、対岸のフランスのカレーという町には、イギリス行きを目指す難民のキャンプができています。すでにイギリスは旧植民地から大量の移民労働者が定住していて、二〇一六年に選ばれたロンドン市長は、パキスタン系のイスラム教徒です。キャメロン首相は難民を年間10万人以上入れないと公約していたんですが、二〇一五年には33万人も入っていた。

砂山　だからやっぱり距離をおこう、やっぱりヨーロッパには関わらないほうがいいと。逆にドイツから見ると、負担をイギリスにも分担してほしいということですね。

茂木　難民を受け入れろ、経費を分担しろ、と。そこでキャメロンは、ＥＵ離脱か、残留かという国民投票をやって、世論の後押しでＥＵ側との交渉を有利に進めようとした。

砂山　あくまで交渉の道具、ってことですか？

茂木　完全に離脱してしまうと、ＥＵ諸国との間に関税が復活して貿易がダメージを受けます。通貨ポンドも国際的な信用を失って、投資に差し障りが出てきます。だから、「離脱派が一定の力を持ちつつ、残留派が多数」という結果をキャメロンは望んだのです。

砂山　ところが、開けてびっくり！

茂木　僅差で「離脱派が勝利」、保守党は離脱派と残留派に分裂して大混乱です。結局、離脱派のボリス・ジョンソン首相が総選挙に勝って、イギリスは二〇二〇年にEUを離脱しました。

イギリスは、ただ金儲けのために中国に急接近した！

砂山　昔ほどイギリスが力はないような気がするんですけど。

茂木　まったくないです。

砂山　だから「光栄ある孤立」に戻ろうとして、それで大丈夫なんですかね。

茂木　問題はお金がないっていうことですね。砂山さん、イギリス製品を使ってますか？

砂山　ダイソン。ありましたね。

茂木　掃除機のダイソンね。ぼくも使ってます。

砂山　クルマではアストンマーティン。意外と出てきますね。でも、製造業の国っていう感じではないですね。

茂木　イギリスは産業革命を起こした国ですから、十九世紀まではすごかったんですが、アメリカやドイツに抜かれて、もうモノ作りは終わった国ですね。だけど、それまでかなり儲かっていたので、それを元手にして金を貸す、銀行ですね。金融で生き残ったんです。それはやっぱりイギリスは強いですね。だから途上国に投資をすることで儲けようということなんですよ。ドイツが仕切るEUから離れるんだったら、どこかそれ以外の大きなマーケットを持ってる国に接近しようとする。どこでしょう？

砂山　中国。

茂木　習近平さんがなんとバッキンガム宮殿にお泊りしちゃったというあれですね。

砂山　いわゆる大歓迎したっていうことですよね。ヨーロッパから出ていく以上は、今度は中国とか他の国と組んで、そこに投資して儲けようと。

茂木　習近平さんがつくったＡＩＩＢ、北京に本部があるアジアインフラ投資銀行に、もうイギリスは「はいはいはい、入ります！」って真っ先に参加しましたね。そういうことなんですよ。

砂山　全部つながっているんですね。

茂木　ところが、中国はいまどうなっていますか？

砂山　ちょっと経済は減速。

茂木　減速どころかバブル崩壊ですよ。またイギリスは失敗したと思ってますよ。

砂山　かつてロシアと組んだときのような心境なんじゃないかと。

茂木　シーパワー国家が、ランドパワー国家を頼ると、ろくなことにはならないというのが地政学の教訓です。ジョンソン政権は、日本や東南アジア中心のＴＰＰに入りたい、といってきました。これはシーパワー連合ですので、自然な流れだと思います。

［茂木のワンポイント］地政学

ヨーロッパは「半島」だが、イギリスは「島」。

イギリスはヨーロッパ統一を恐れ、各国が常に争うように仕向けてきた（オフショア・バランシング）。

イギリスの軍事力は、植民地の拡大に使われてきたが、第二次大戦後の植民地独立ですべてを失った。

EU結成の真の目的はドイツの封じ込めだったが、経済的にはドイツに仕切られている。

ドイツが主導するEUへの反発、難民受け入れへの抵抗が、イギリスをEU離脱に走らせた。

第12章 シリア、イラクの内戦はなぜ終わらないのか？

イラクとは、満州国である！

砂山　中東を舞台にした争いがずっと続いています。イラク戦争でサダム・フセイン大統領が殺害されたあとも混乱が続き、シリアでは「アラブの春」で内戦が起こり、イスラム過激派のＩＳ、いわゆる「イスラム国」が勢力を拡大。欧米やロシアが空爆を続けています。いったいシリア、イラクの内戦は、何が原因で、なぜ終わらないんでしょうか。歴史を学べばその本質がわかります。もうすっきりするわけですね。

茂木　今回はもう、竹を割るようにスカッと説明しましょう。なんで日本では内戦が起きないかっていうことですね。どうして山口県の独立運動が起きないのか。

砂山　必ずぼくの出身地をたとえに挙げてきますけどね。起きないですね。

茂木　つまり、砂山さんの中で、自分が山口県人だっていう気持ちよりも、日本人っていう気持ち、山口県は日本の一部だっていう気持ちのほうがたぶん強いんですよね。

砂山　そうですね。

茂木　日本っていう国は、わかっているだけで、もう千数百年の古い歴史がありますから、もう固まっているんですね。古いお酒が熟成するように、もう日本人意識っていうものができ上がっているんですよ。島国ですし。ところが、最近できた国っていうのはその国民意識がない。そこで、今日はいきなり質問ですけども、満州事変って知ってますか？

砂山　はい、わかります。

茂木　満州事変を、簡単に説明してください。

砂山　いわゆる、満州の人を王に立てながら、実質は日本がその政権を動かした傀儡《かいらい》政権っていうやつですね。

茂木　傀儡っていうのは操り人形っていうことです。日本軍が占領していて、日本の企業が資源なんかを独占していて、形だけ満州人という少数民族の皇帝、溥儀《ふぎ》っていう人ですね。形は独立国家、実際は日本の植民地という状態。同じなんですよ。シリアもイラクも。

砂山　シリアやイラクも満州国と同じだった。

茂木　はい。要するに満州国は、満州人が中国からの独立運動をしたんだと、それで日本が助けるんだというふうに日本は説明しました。同じことで、実はいまのシリアとイラクっていうのはもともとトルコ領だったんです。

砂山　オスマントルコ。

茂木　そうです。オスマン帝国ですね。今のトルコを中心として、イラクやシリア、ヨルダンまで含む巨大な帝国があそこにありまして、その南のほうに住んでいたアラブ人たちの独立運動をイギリスが支援します。で、アラブの部族長に「お前、イラク王になれ」とか決めて、実際はイギリス軍とフランス軍が仕切ってたんです。日本との違いは、日本は1カ国で満州経営をやったんですけども、中東では英・仏が一緒にやったので線引きしましょうってなって、シリアとイラクの間にまっすぐ線を引きましして、この線をサイクス・ピコ協定っていうんですけども、これはぜひ皆さんに覚えてほしいんですね。サイクス・ピコ協定。これは人名です。イギリスのサイクス、フランスのピコという外交官が、地図に定規で線を引っ張って、ここから北はフランス領のシリアで、ここから南はイギリス領のイラクというふうに決めちゃった。

砂山　つまりは、もともと住んでる人たちを無視して。

茂木　民族も宗教も関係なく、勝手に線を引っ張っちゃった。一九二〇年代にはシリアやイラクが「独立」します。満州国は三〇年代ですから、満州事変の10年前ですよ、これ。

砂山　いまから約100年前ですね。

茂木　そうですね。日本が満州事変をやったときに、イギリスのリットンという人が満州を調査に行くんですね。リットン調査団っていって。それで「日本の侵略はけしからん」とか言うんですけども、「あれ？　それじゃあ、イラクは？」っていう話ですよね。

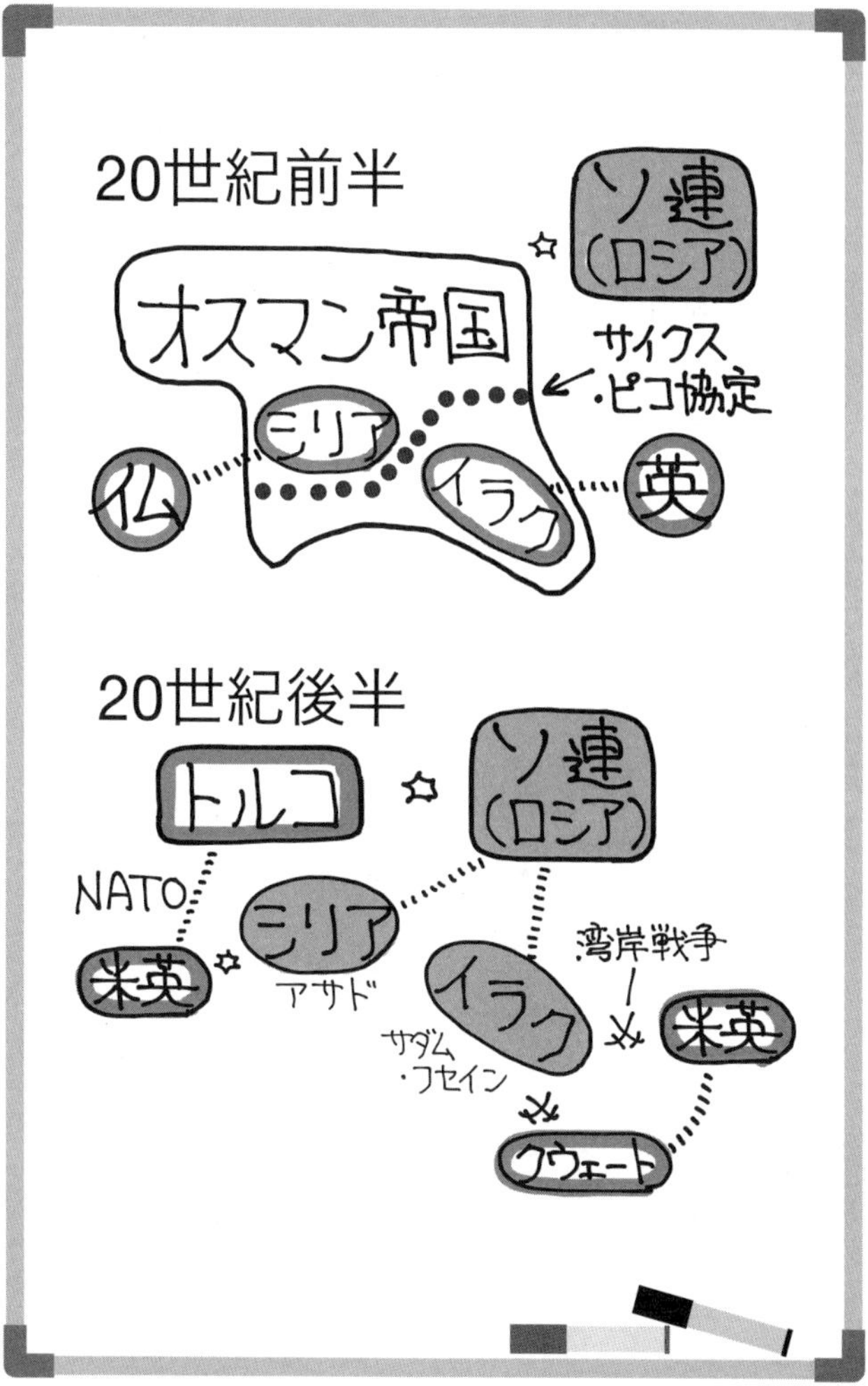
20世紀前半
ソ連（ロシア）
オスマン帝国
サイクス・ピコ協定
シリア
イラク
仏
英
20世紀後半
トルコ
ソ連（ロシア）
NATO
シリア
アサド
米英
イラク
サダム・フセイン
湾岸戦争
米英
クウェート

砂山　それより前なのに。

茂木　自分で調べろよって、イラクのことを。

砂山　このサイクス・ピコ協定で決まった国境を、ＩＳは認めないと。

茂木　そうです。ＩＳはこの国境をぶっ壊そうっていうのが一番の目的ですね。

アメリカは、なぜイラクのフセイン政権を目の敵にしたのか？

砂山　もうちょっと歴史をひも解きたいと思いますけど、このサイクス・ピコ協定で国境が決まったあと、まずイラクはどんな歴史を辿《たど》ったんですか？

茂木　結局、その王様がイギリスべったりで、石油がせっかくあるのに全部イギリスに売っちゃって、その利益は王様とイギリスの石油会社が山分け。一般の国民にまったく利益が行き渡らないと。もともと国民が選んだ王様じゃないですから、不満がどんどん溜まっていって、一九五〇年代に革命が起こって、親英派の王政が倒されました。この革命を支援したのが、ロシア、当時ソ連です。

砂山　ここでソ連がまた出てくるわけですね。

茂木　必ず出てきますね。ソ連が出てきて、「お前たち、ちょっと助けてやるから、社会主義やれや」とか言って、そのあとイラクは社会主義になっちゃった。ソ連から武器をもらって、「もうアメリカやイギリスには石油は売らねえ」と言って、ソ連型の独裁体制になっていって、その大統領の最後がサダム・フセインっていう人です。だからあの人はソ連側だったわけですね。

砂山　フセイン大統領のときのイラクの国内っていうのは、どんな感じだったんですか？

茂木　社会主義ですから、基本的に独裁ですよね。ただ、社会主義のいいところは、平等を重んじるので、ちゃんと彼は石油の利益を分配はしていたようです。

砂山　だからこそ政府を覆《くつがえ》そうみたいな動きは少なかった。

茂木　あと、社会主義っていうのはもともと宗教を否定するので、イスラム過激派なんかはフセインが抑え込んでいたんですよ。力で。だからみんな女性もベールを取って、本当に男女同権な社会だった。それがサダム・フセイン時代ですよね。

砂山　いまのイスラムのイメージからすると想像できないような国だったわけですね。

茂木　まったく想像つかないですよ。

砂山　確かイラン・イラク戦争っていうのがありましたけど、そのときアメリカはどっちを味方してたんでしたっけ？

茂木　イランのことは別の回に詳しくお話ししますけど、一九七九年に生まれたイランのイスラム革命政権をアメリカは非常に恐れて、なんとか倒そうとしたのです。アメリカから見ると「毒を持って毒を制す」という意味で、社会主義のフセインをイスラム政権のイランにかみつかせたんですね。これがイラン・イラク戦争です。この頃ソ連はすでに弱っていたので、アメリカがイラクのフセイン政権に武器を売りまくったのです。この結果、イラクは軍事大国になりますが、カネが続かなかった。

砂山　そのあと、湾岸戦争ですか？

茂木　はい、イラク軍が油田地帯の隣国クウェートに攻め込みます。このクウェートって国をつくったのもイギリスです。そんな国は認めない、アラブはひとつだ、っていうのがフセインの言い分でした。イラク軍がクウェートに攻め込むと、アメリカは手のひら返してイラクを叩きました。これが湾岸戦争とイラク戦争。

砂山　そのフセインが、結果的にイラク戦争で倒されるっていう流れですね。

茂木　なんで倒したか？「親ロシア派だったから、けしからん」っていう。

砂山　そこになるわけですね。

茂木　いろいろ言い訳はしましたよ。サダム・フセインが核兵器をつくってるとかなんとか。でも究極の目的っていうのは、中東に親ロシア派政権を認めないっていうことです。

砂山　結局イラクの争いは、全部欧米諸国が関わっている。

茂木　全部、関わってます。たとえ話でいうと、満州国から日本が退いたあと、社会主義政権ができたと。いまの中国ですね。あれが独裁でけしからんといって、日本が自衛隊を送って満州に空爆して、「満州解放！」とかっていって攻め込んでいるような話ですよ。

砂山　非常に過激なたとえですけど、イメージとしてはそういうことですね。

茂木　あり得ないですよ。

砂山　イラク戦争でフセイン独裁体制は崩れました。それで何が起きたんでしょう？

茂木　強力な中央政府が壊れちゃったもんですから、もうあとはバラバラになりました。もともとイラク人意識はないので。まず民族対立があって、アラブ人対クルド人。クルドっていうのは北部に住んでる少数民族です。少数民族っていっても3000万人いるのでヨーロッパの小国レベルですけれども。それから、アラブ人の中で割れていて、イスラム教のスンニ派とシーア派。イラクの場合には、フセイン政権はスンニ派でしたが、人口の6割がシーア派ですね。アラブ人スンニ派・アラブ人シーア派・クルド人の三つどもえの内戦になりました。それで、結局アメリカは油田地帯を持つシーア派政権をバックアップして、なんとかコントロールしてるんですよ。イラクを。そして、それに反発する勢力の中から、ISが出てくるということですね。これはちょっと図（251ページ）を見ないとわからないですね。ぜひ図を見てください。

砂山　もうひとつ、シリアですね。シリアのほうはもともとフランスの植民地。シリ

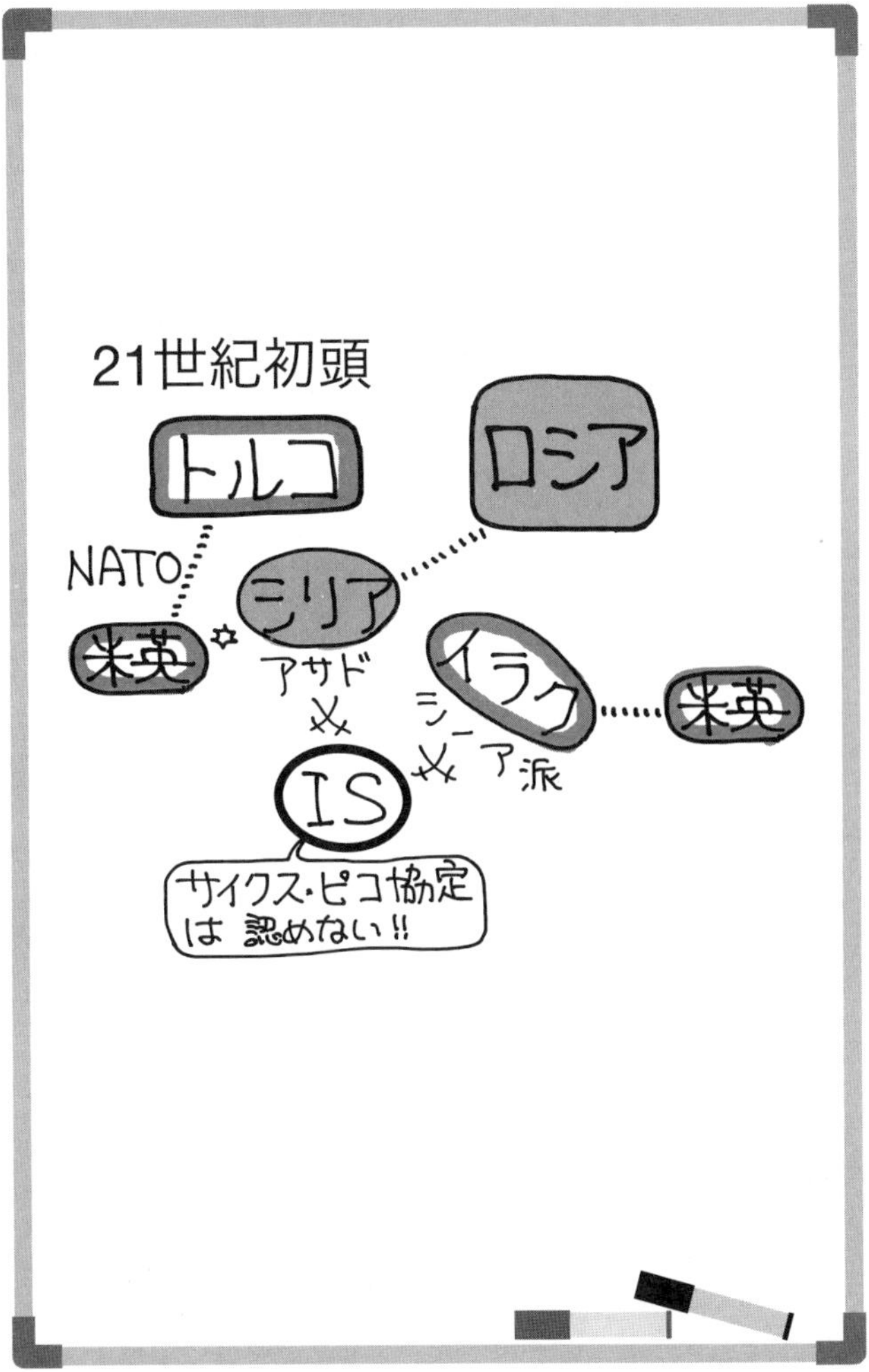
21世紀初頭
トルコ
ロシア
NATO
シリア
米英
アサド
イラク
米英
シーア派
IS
サイクス・ピコ協定は 認めない!!

アも、もともとはこのサイクス・ピコ協定によってつくられた国ですね。

茂木　そうです。

砂山　シリアの歴史はどうなってますか？

茂木　イラクとまったく同じで、第二次大戦後に革命運動が起こります。ちょうどイラクのフセイン大統領にあたるのがアサド家というんですね。それがソ連、ロシアとくっついて、社会主義独裁体制を布《し》きます。

砂山　アサドが独裁体制を築いて、やっぱりここで出てくるのはまたソ連ですか。

茂木　そうです。シリアではあんまり石油は出ないんですけども、地中海に面しているんですよね。ということは、シリアをロシアが飼いならすと、ロシア軍が地中海に港を持てるんですよ。地政学では、ロシアっていうのは常に外に出たいんですよね。

砂山　地中海への道にこのシリアがある。だからソ連が手を出した、飼いならして。

茂木　それはいまのプーチンも続いています。だからロシアはシリアを助けるんですよ。結局みんな話は同じで、冷戦終結で親分のソ連が崩壊しちゃって武器が来ない。そうすると、イラクもシリアも弱体化しちゃって、イラクの場合にはイラク戦争でアメリカに潰されちゃったし、シリアの場合にもいわゆる「アラブの春」っていうやつで内戦が起こって、アサド独裁体制打倒とかいう話になっちゃって、もう大混乱。

砂山 シリアのアサド政権っていうのは、中東に残っている最後の親ロシア派政権。

茂木 そうそう。最後の親ロシア派政権なんです。

「IS」は何のために戦っていたのか？

砂山 イスラム過激派のIS、いわゆる「イスラム国」について教えてください。パリやブリュッセルの同時多発テロでも犯行声明を出しましたけど、彼らは何者で、何のために戦っているんでしょう。

茂木 「勝手に国境を引くな」ということがまず第一ですね。

砂山 例のサイクス・ピコ協定によって引かれた線。

茂木 そうそう。「おれたちは同じイスラムなんだ」ということですよね。これが第一です。第二に、やっぱり貧富の差。近代化した結果、豊かになると思ったら、一部の王族や独裁者が石油を独占しちゃって、全然豊かにならないじゃないかと。だから差別をやめろと。本来のイスラムっていうのは、唯一の神アッラーの前に万民平等であるから、分配をせよっていう教えなんです。この原則に戻れ、っていう話ですよね。ここまでは非常に言ってることもまっとうなんですが、ただし、その手段が……。

砂山 過激ですよね。

茂木 異教徒は処刑とか、奴隷にしていいとか、めちゃくちゃです。

砂山 イスラム原理主義者っていう言葉、これは何を指しているんですか？

茂木 これは『コーラン』が書かれた時代のイスラムが最も美しく純粋であったと、そこに戻ればいいんだ、全部うまくいくんだという話ですよね。
あえて乱暴なたとえ話をします。幕末の尊王攘《そんのうじょう》夷《い》運動ってありますよね。薩摩の大名行列の前をイギリス人が横切ったら斬っちゃったとか、異人は出て行けとか、あれですよ。

砂山 「うちのルールはこれだから、これ以外は認めないぞ」っていうことですね。
それがいま起こってるイスラム原理主義者の考え方。

茂木 そうなんですよ。昔に戻ればみんなうまくいくという、そういう教えですよね。

砂山　一部の過激派がまた強硬策に出ているっていうことですね。

茂木　昔は長州もかなりやってましたね。イギリス公使館の焼き討ちとか。

砂山　まあ、昔は長州も……ぼくは直接関わってないので何とも言えないんですけど。

茂木　でもそういう過激な一団に引っ張られて明治維新に成功し、日本は植民地にならずにすんだというのも歴史の事実です。

砂山　もともとオスマントルコがあの辺を支配してたっていうことですけど、国とい

ここがポイント

✔ **イラクとシリアの紛争は100年前に始まる新しい紛争。その原因は、サイクス・ピコ協定である。**

う意識はどうだったんですか？

茂木　非常にゆるかったですね。いまでもイスラム教徒っていうのは国家意識より、同じイスラム教徒っていう意識のほうが強いんです。昔は国境線なんかないような感じで、往来自由だったんですよね。

砂山　だからこそ、外国人が勝手に線を引いたっていう、そこに非常に反感を持っている。１００年経ってもその根が消えないということですね。戦争や紛争をこの中東からなくそうっていうふうに考えると、どこが一番問題ですか？　そのサイクス・ピコ協定ですか？

茂木　そうです。だって、二十世紀になるまであそこに大きな紛争はなかったんですから。やっぱり二十世紀の頭の例のサイクス・ピコ協定ですね。これが一番の問題です。

砂山　なんか勝手なイメージとして、イスラム教自体が原因じゃないかとか、イスラム教の宗派の対立とか、そういうことも考えちゃいますけど、そういうことじゃないと。

茂木　いやいや、そんなことは昔からあったんです。それでもオスマン帝国時代には平和に共存できた、ということですね。

中東を平和にする方法は、オスマン帝国に学べ！

砂山　このサイクス・ピコ協定の国境線がある以上、中東から戦争はなくなりませんか？

茂木　なくならないですね。ＩＳの拠点を空爆して一時的に効果はあっても、また元に戻っちゃいますからね。ＩＳに代わる、何か新しい勢力が出てきますから。

砂山　平和だった時代に戻るには、何をすればいいですか？

茂木　民族や宗教の分布に基づいた新しい線引きをして、アラブ全体がゆるやかな連合体みたいにするしかないと思うんですよね。

砂山　民族、宗派、そういう細かいそれぞれの人たちに合った……。

茂木　自治を認めるという。

砂山　自治を認めながら。オスマン帝国の時代はそうだったということなんですね。

だからこそ、その当時はうまくいっていた。

茂木　だってオスマン帝国は400年間、あの中東を平和的に統治したんですからね。これってすごいことですよね。

砂山　自治を認めて、それぞれのやり方でやってください。それしかないということですね。

茂木　はい。

〔茂木のワンポイント〕地政学

イラクとシリアは、本来は同じアラブ人で、オスマン帝国の一部だった。

イギリスとフランスがサイクス・ピコ協定を結んでオスマン帝国を解体した。イラクとシリアの国境線はこのとき引かれた。

第二次大戦後、イラクとシリアで革命が起こり、親ロシア（ソ連）派のフセインとアサドが政権を握った。

アメリカは湾岸戦争、イラク戦争でフセインを打倒し、「アラブの春」でアサドを揺さぶったが、アサドはロシアの支援で持ちこたえた。

混乱に乗じてイスラム過激派ISが台頭した。

国境線の引き直しと、各民族、宗派への大幅な自治権付与が紛争解決への道。

第13章 イランが目指す中東の新秩序

イランの地政学的な宿命とは？

砂山　イスラム過激派ＩＳ、シリアからの難民問題。イランとサウジアラビアの国交断絶。問題が絶えない中東です。私たちはイランとサウジアラビアがどんな国なのかも実はよく知りません。今回は中東の歴史的な背景と問題の本質を学びましょう。

茂木　こういうややこしい問題は、公平に見るよりは、どっちかに肩入れしたほうがいいんですね。なので、今回ぼくは、イラン人の気持ちでしゃべります。ちょっとすみません。アラブの方についてぼろくそに言うかもしれませんけど、すみません。

砂山　話をわかりやすくするために、今回はイランの立場でいく、と。

茂木　そうです。

砂山　地政学的に見ると、イランはどんな場所にあるんですか？

茂木　イランは南が海、インド洋ですね。向かって右側がインド、左側がアラブ諸国、イラクとクウェートですね。そして、北が例の大国……。

砂山　ロシア。よく出てきますね。

茂木　「世界の迷惑」って言われてますね。ロシア。砂山さん、ロシアの習性は？

砂山　南下してくる。暖かいところに出たい。

茂木　南下したい。海に出たい。ですから、イランが邪魔なんですね。イランにとって、地政学的な敵はロシアである、ということですね。

砂山　歴史的にはやっぱりロシアは南に行ったわけですね。

茂木　常にイランを侵略しています。それから、向かって右のインドがイギリスに食われちゃいまして、植民地になりますね。イギリスはロシアの南下を止めるためにイランにちょっかいを出してくるということで、ロシアとイギリスの草刈り場になっちゃったというのがイランですね。

砂山　イギリスが出てきた、ロシアは南下する。イランでちょうどぶつかってしまった。

茂木　それで日露戦争の直後に、ロシアとイギリスが密約を交わしました。ロシアが日露戦争に負けちゃって、ちょっと弱気になったんですよ。そこでイギリスが、提案します。

「どうでしょう。イランを半分に分けませんか？」

ちょうどサイクス・ピコ協定でイギリスとフランスがアラブを分けたように、ロシアとイギリスの密約があるんです。これを英露協商っていうんですけども、結局イランのことを無視して勝手に線を引いて、北がロシアで南をイギリスが取るという、こういうことをやったんですよ。たまったもんじゃない。「ふざけんなよ！」っていう話ですね。

砂山　今回はイランの人の立場で茂木さんは語っていらっしゃいます。

茂木　ちょっと感情移入してますので。

砂山　それで結局、どうなったんですか？

茂木　さらに悪いことに、そのあと石油が見つかっちゃったんですね。

砂山　イギリス人が見つけたんですね。

茂木　そう。石油採掘技術をイランは持ってなかったので、イギリスが「掘ってやるから」って言って入ってくるんですよね。それで、現在のＢＰですね。ブリティッシュ・ペトロリアムっていう会社、あれが入ってきまして、それでイランの王様を買収して、その石油の利益はイギリス石油メーカーＢＰと、イランの王族で山分けすると、こういうことですね。

砂山　そうか。まずイギリスが石油を掘ったわけですね。その後、いままで考えるとそんなにイギリスの存在を感じないんですけど、第二次大戦後に変わった感じですか？

茂木　そうです。せっかく石油が見つかったのに、外国人と王様で利益を山分けしてるわけじゃないですか。それでイランの国民が頭にきて、石油を国有化しようという運動を起こす。モサデクという首相が石油国有化宣言をするんですね。ＢＰ出ていけと。

砂山　出ていったんですか？

茂木　行くわけないじゃないですか。それでイギリスがどうしたかっていうと、アメリカ様に相談しまして、このイランの革命運動を抑えてくれないかと。で、アメリカの情報機関であるＣＩＡが入ってきまして、イラン国内の貧困層にカネをばら撒《ま》いて暴動を起こさせて、「モサデクを倒せ」って煽った。国王も便乗してモサデク首相を逮捕します。そのあと石油利権は、イギリスとアメリカで山分けすると。王様は米英の傀儡《かいらい》、ロボットだと、こういうことですね。

砂山　なんかＣＩＡが出てきてっていうと映画みたいな話ですけど。

茂木　本当なんですよ、これ。

砂山　モサデク首相が倒れて、イランの石油はイギリスとアメリカが押さえた。

茂木　だから名前は独立国家だけども、実際は経済植民地ですよね。国王パフラヴィー、日本のニュースではパーレビ国王って言ってたんですけども、これが本当にひどかった。

砂山　利益を王族が独占しちゃって、貧富の差が拡大したわけですね。

茂木　これはアラブ諸国も同じですよね。王族が富を独占しちゃって、それで革命運動が起こって、そこにソ連が入ってきて、社会主義を目指す、サダム・フセインとかアサドとかいう親ソ政権が生まれたんですが、イランが面白いのは、社会主義にならないんですよ。むしろ本来のイスラムに戻ろうという、いわゆるイスラム原理主義の運動に火がつくと。

イラン革命が中東に与えた衝撃とは？

砂山　いわゆるイラン革命。

茂木　そうです。これがイラン革命で、一九七九年ですね。これは本当の意味での民衆の革命であって、親米派のパーレビ国王を打倒して、イスラム教シーア派の指導者ホメイニの政権ができた。石油は国有化して外国資本を追放しちゃった。

砂山　そこでアメリカやイギリスと対立するようになった。

茂木　そうです。とくにアメリカが、イランの革命政権を打倒しろと、さまざまな陰謀をまた企《たくら》むと。

砂山　国際的にイランは孤立しているっていうイメージはあるんですけど、そこから孤立みたいなものは始まったということなんですね。

茂木 ただ孤立っていっても、イランは大国なので別にそんなに困ってないんですね。とにかく石油があるんですから、あとはそれを国民に分配していればいいだけのことです。

砂山 基本的な質問ですけど。イラン人とアラブ人はどう違うんですか?

茂木 言葉がもちろん違います。ペルシア語とアラビア語。もうひとつは宗派ですね。イスラム教には宗派が2つあります。スンニ派と何派?

砂山 シーア派。

茂木 そうですね。9対1でスンニ派が多い。シーア派は少数なんですけども、そのほとんどがイランにいるんです。イラン人はシーア派。アラブ人はスンニ派が多いけど。

砂山 シーア派っていうのは常にイスラムの中では迫害されてるイメージがあるんですが、これが、イランとアラブの大きな違いなんですね。

茂木 日本人は、イラン人もアラブ人も「同じだろう」って思うじゃないですか。みんなひげ生やしてて、同じじゃねえかって。

砂山　イランの人には失礼ですけど、イランもアラブの一部じゃないかという気がします。

茂木　それは、日本って中国の一部だろう、みたいな話なんですよ。「ふざけんな」って思うでしょ。全然違うんですよ。イラン人の立場から言わせていただきますと、イランのほうが、はるかに歴史が古いんです。

砂山　ペルシア帝国。

茂木　はい。古代ペルシア帝国ですね。もう二千数百年の歴史があります。イラン人はものすごいプライドを持ってまして、ペルシア帝国をつくったのは我々だと。あの頃アラブ人は砂漠にいた遊牧民だろうっていう話で。

ところが、そのアラブ人のムハンマドがイスラムっていう強烈な宗教をつくっちゃって、結局イランはそのイスラム軍に負けちゃったんですよね。だから、もともとあった宗教、ゾロアスター教っていう宗教なんですけど、それをやめてイスラムになったんですが、どうもしっくりこない。なんかアラブに強制されたっていうイメージがあるんです。

砂山　イスラム教を、アラブ人に押し付けられた感じ。

茂木　はい。そのアラブで内紛が起こりまして、超簡単に説明すると、イスラム教の開祖である預言者ムハンマドの後継者争いなんですね。ムハンマドの直系の子孫だけを指導者とするのがシーア派、実力者なら誰だっていいじゃないか、というのがスンニ派ですが、こっちのほうが多数派だったので、シーア派は迫害されるんですね。

砂山　アラブで内紛が起こって2派に割れました。

茂木　はい。だからイラン人としては、敵のアラブの多数派には従いたくないので、あえて少数派のシーア派とくっつくんですよ。弱者連合ですね。シーア派もこれに乗ってきて、シーア派の指導者に古代ペルシアの王様の血が入ってるとかいう話になっていって、それがイラン人の心を打つんですね。

砂山　シーア派政権ができるっていうことは、古代ペルシア帝国の復活になる。

茂木　そう。そしてアラブ人のシーア派も、同じシーア派のイランにシンパシーを持つようになるんですよ。アラブもそのあと列強に分割されて、イラクとかシリアとかサウジとか分かれますよね。その中のシーア派は、実はイランにシンパシーを持ってる。

砂山 さあ、イランにシンパシーを持った人たちがアラブ諸国にいるっていうところが、このあとのポイントになりそうですが。

茂木 その通りです。

シーア派の居住地域には、なぜか油田地帯が多い

茂木 アラブには小さい国がいっぱいありますので、ざっくりお話しします。アラブの国で一番有名なのがサウジアラビアですよね。サウジも石油が出ますよね。サウジの王様っていうのはずっとアメリカの石油メーカーに石油を掘らせてきたんですよ。ですから、アメリカから見ると「サウジはいい国で、イランは悪い国」。

砂山 アメリカからの見方ですね。

茂木 ということなので、アメリカはサウジの王家、サウード家っていうんですけども、これをかわいがってきた。イラン革命以後も、常にサウジはアメリカ側について

きました。これをイランから見ると、「自分たちを苦しめたアメリカに媚《こ》びへつらうサウード家め、けしからん」ということですね。

砂山　これはイランの立場でいうと、そうですね。

茂木　それから、この地図（271ページ）に黒い点でプチプチをいっぱい描いているんですけれども、あれが実はシーア派なんですよね。イランがほとんど全部シーア派で、イラクの半分とサウジの東側がシーア派なんですね。だから、あそこにいる人たちっていうのは実はイランのほうにシンパシーを持っているんですよね。しかも、ちょうどそこが油田地帯なんですね。

砂山　あっ、シーア派のところにきれいに油田がある。

茂木　ですから、サウジアラビアの中のシーア派が独立運動を起こしてイランとくっつくなんてなっちゃったら、もう完全にペルシア湾の石油をイランが押さえちゃうんですよ。そうなったらサウジにはただの砂漠しか残りません。だからサウジはシーア派を叩くんですよ。イランとサウジの対立は、「宗派争い」プラス「石油の利権争い」ですね。

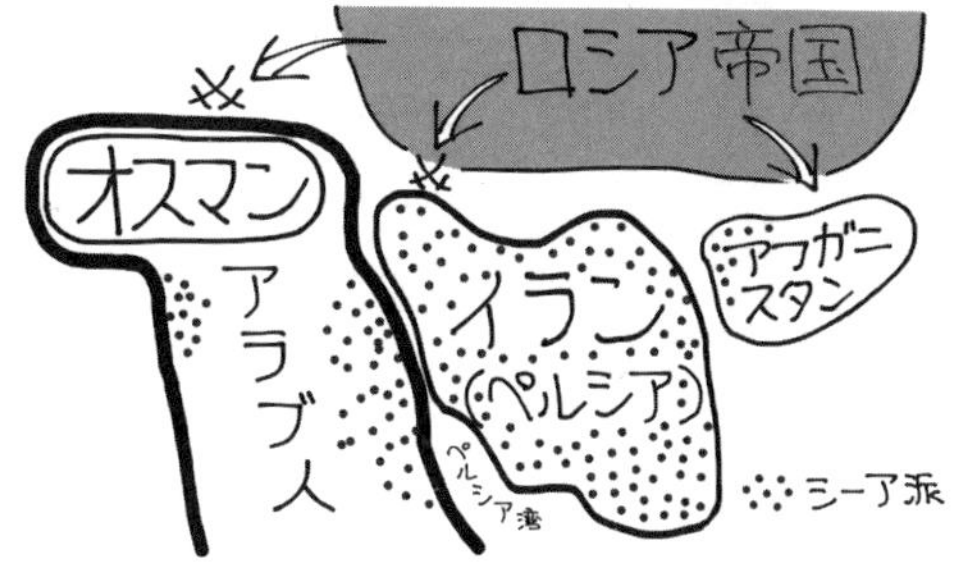

▲ 19世紀の中東

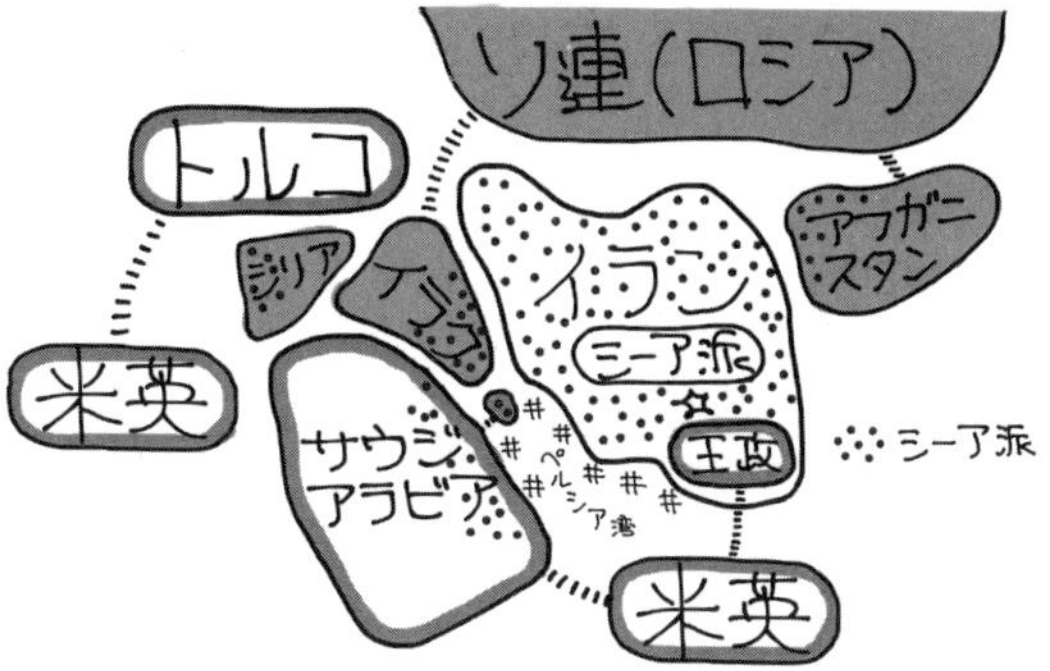

▲ 20世紀後半(冷戦期)の中東

砂山　本当だ。びっくりするぐらいシーア派のところしかないですね。

茂木　そうなんですよ。これはすごいでしょ。

砂山　すごい。この宗派の対立っていうのが9対1で、数の力ではスンニ。シーア派は1割ぐらいだったらそんなに目の敵《かたき》にしなくてもと思ってたんですけど、利権はシーア派のところにあるんですね。

茂木　そうなんですよ。イラクの場合も、南部のシーア派のところに油田が集中している。これはアッラーがわれわれシーア派をいかに愛してらっしゃるかっていう話で。

砂山　イラン人の立場からするとそういう見解になると。もう「私」から「われわれ」になってきてますけど。

「新たな敵」の出現がアメリカとイランの関係を変えた！

砂山　そのイランがその後、核兵器開発に乗り出したわけですけど、それにはどんな目的があったんですか？

茂木　つまり、アメリカは核兵器をいっぱい持ってますよね。すると、いざとなったらアメリカが圧倒的ですよね。だから、アメリカに勝つためには核を持つしかないわけで、これは北朝鮮の核開発と同じ理由です。アメリカが核攻撃をしてくるのをためらわせるためには、こっちが核を持つしかない。もし一発撃ってきたら一発撃ち返すということですね。

砂山　というための核開発ですね。

茂木　金は持ってるので。

砂山　イランの核開発に対して欧米諸国が経済制裁を行ってきたわけなんですけど、これが二〇一六年に解除されたんですよね。

茂木　オバマさんが、もう30年ぶりに経済制裁を解除したという話ですよね。

砂山　30年ぶり。これはいままでのアメリカだったら制裁解除はしないですよね。

茂木　しないですね。なぜでしょうっていう話ですね。これは新たな敵が現れたからで、その敵っていうのはアメリカから見ても敵、イランから見ても敵なんですよね。

砂山　ＩＳ。

茂木　ＩＳ、イスラム国。あれはスンニ派の過激派なんですね。だからＩＳの支配地域では、シーア派は異端として凄まじい迫害を受けるんですよね。モスクなんかは破壊されます。だからイランの「革命防衛隊」っていう精強な部隊がいまＩＳと戦っています。これをアメリカから見ると、あの凶暴なＩＳと戦うのにアメリカ兵を送るのは怖いと、また犠牲が出ると、首切られちゃうと。だったら、「毒を以《もっ》て毒を制す」で、イランを使ってＩＳを潰せということをオバマさんは考え始めたんですね。そうすれば自分は傷つかなくてすむと。

砂山　利用したというか、国益が一致したというか。

茂木　そうですね。当然イラン側は条件があると、アメリカは制裁をやめろと、核開発は黙認しろとなったんですよ。

砂山　それで経済制裁を解除した。あとは、オイルをめぐる事情もありますか？

茂木　アメリカがずっと中東にこだわってきた理由っていうのは、ひとつはロシアの南下を止めるっていうことと、もうひとつは石油利権ですね。その石油利権が実は最近アメリカの国内で見つかってきちゃって。

砂山 シェールオイル。

茂木 シェールオイル。岩石のすき間に染み込んでいる石油ですね。アメリカもザク石油を掘り始めちゃったので、実はアメリカはいま世界最大の産油国で、石油輸出も始めました。そうするともう実は中東の油田はいらなくなるんですね。

砂山 いままでみたいに、何がなんでもこの石油利権を守るっていう立場ではなくなった。

茂木 それと、石油がだぶついて価格がどんどん下がっています。だから石油利権っていううまみがなくなってきた。いままでみたいにＣＩＡを使っていろんな悪さをするメリットがない。「じゃあ、もう面倒くさい。もう中東はイランに任せちゃえ」なんて言い始めた、アメリカが。そうすると困っちゃう国があると。

砂山 サウジですね。

茂木 サウジですよ。「裏切ったな、アメリカ。いままでこんなに仕えてきたのに、なんだ」っていう話ですね。

イランとサウジアラビアの対立が、中東の次の「火種」になる

砂山　イランとサウジが断交した理由が、だんだん見えてきました。改めてちょっとこの対立の構図を説明してもらえますか。

茂木　サウジの国内にシーア派がいる。そこが油田地帯である。そのシーア派のバックにイランがいると。だからサウジとしては、イランが自分の国内にまで手を突っ込んできて、油田地帯を奪い取るんじゃないかと恐れているんですね。

それからISもサウジも、厳格なスンニ派なんですね。「シーア派は敵だ」と考える点で同じ立場なんですよね。だからサウジは裏でISとつながってる疑いがある。サウジが金出してるんじゃないのかって、疑われているんですよ。

砂山　サウジは王様が替わりましたよね。

茂木　二〇一五年にアブドラ国王がご高齢で亡くなりまして、弟のサルマン国王に代わったんですけども、サウジの王様っていうのが、初代の王様の息子たちがたらい回

しでやっているんですね。兄弟間で、弟へ、弟へと続いてきたんですよ。だから、いまのサルマン国王ももう80歳を越えて、ほとんど動けないと。だから若い王子様が実権を握っていて、これがかなり強硬派で、もうアメリカは頼らん、イランとガチでやってもいいぞ、みたいな、ビン・サルマン王子っていう人。そういう若い王子が実権を握ってるんですね。

砂山　オバマ政権のアメリカとイランが急接近して、サウジが孤立しつつあった。

茂木　中東で、次に核武装するのはサウジですね。同じスンニ派のパキスタンが核を持ってますので、技術は簡単に手に入ります。カネもあるし。

ここがポイント

✔ サウジは、国内のシーア派がイランの影響を受けて分離独立するのを恐れている。

砂山　きな臭くなってまいりました。

茂木　たとえていうと、東アジアにおいてずっと日本がアメリカにくっついていて、中国を封じ込めるという役割をしてきたじゃないですか。アメリカが態度を変えて、「いやあ、もう中国に任せちゃおう」と、「東アジアは中国でいこう」とやって、「もう日米安保なんかやめちゃおう」なんて、もし言い出したら、日本がどうなるかっていう話ですよね。

砂山　大混乱。

茂木　この流れを止めたのが、トランプ大統領でした。彼はイランとの核合意を凍結して再びイランを敵視する一方、サウジなどアラブ諸国とイスラエルとの和解の仲介をしました。トランプの娘婿でユダヤ人のクシュナー氏が橋渡しをしました。

砂山　トランプ、仕事してますね。

茂木　このトランプ中東外交の成果をひっくり返そうとしているのが、バイデンです。

砂山　トランプのやったことを、すべてひっくり返すおじいちゃん……ところで、日本とイランの関係っていうのはどうなんでしょうか？

茂木　基本的に悪くないですよね。日本は中東で悪さをしてませんので、次回やるトルコもそうですけども、非常に親日ですよね。モサデク政権が石油を国有化したとき、イギリスによる経済制裁をかいくぐって、日本の石油メーカーのタンカーがイラン石油を買い付けに行き、大歓迎されたこともあります。百田尚樹さんの『海賊とよばれた男』にも出てきます。ホメイニのイラン革命後、日本はアメリカに気を遣ってイラン石油の輸入は控えてきたんですが、オバマ政権の制裁解除でその必要もなくなりました。イランもぜひ日本に石油を買ってもらいたい、ということです。

地政学

［茂木のワンポイント］

- イランはロシア（ソ連）の南下を阻止する防波堤として、また産油国として米・英の支配を受けてきた。
- イランのナショナリズムは、イスラム教シーア派の思想と結びつき、イラン革命を引き起こした。
- アメリカは、サウジなどスンニ派アラブ諸国を支援してイランに敵対させた。
- イランはアメリカに対抗して核武装を進めてきた。
- スンニ派武装組織ISという共通の敵が現れたため、アメリカはイランに急接近し、制裁を解除した。
- 国内にシーア派を抱えるサウジアラビアはイランの台頭を警戒。アメリカとの関係も悪化している。

第14章 親日国トルコはどこへ向かうのか？

トルコと日本は、地政学的な「兄弟国」

砂山　複雑怪奇な国際情勢が目から鱗《うろこ》で見えてくる茂木さんの講義。中東の2回目です。中東情勢の鍵を握るトルコ、ニュースで名前はよく聞くけれど実態をよく知らないクルド、そして紛争の現場になっているシリア。まずはトルコからいきたいと思うんですけど、確認ですけど、トルコは中東なんですよね。

茂木　うーん、微妙ですね。中東とヨーロッパの境目で、「近東《きんとう》」なんていう言い方をしますね。Near East の訳ですね。その反対が東アジアの「極東《きょくとう》」Far East ですね。

砂山　半分ヨーロッパ、半分中東っていう立場ですよね。中東で一番の親日国がトルコなんですよね。

茂木　トルコと日本の合作映画の『海難1890』、観てきたんですけど、泣きました。

砂山　茂木さん、泣くんですか？　いつもクールな印象ですが。

茂木　泣きました。トルコの軍艦エルトゥールル号が和歌山沖で遭難して、漁民が助けるっていう実話です。話は知っていたので、「ああ、あの話か」と思って観ていたんですが、涙腺《るいせん》が崩壊しました。

砂山　そういう長い友好関係のあるトルコですが、どういう歴史を辿ったんでしょう？

茂木　中東の大きな民族っていうのは3つございまして、前回やったのがアラブvsイラン。そこにトルコがどう絡むかっていうと、トルコはもともといなかったんです。中東に。

砂山　トルコはいなかったんですか？

茂木　はい。日本でいったら平安時代の終わり頃、モンゴル高原から馬に乗ってバーッと中東へ行ったんですよ。

砂山　モンゴルの人たちがルーツ。

茂木　そう。もともとトルコ人は、モンゴル高原の遊牧民です。トルコ語って実は日本語そっくり。「てにをは」とか語順がまったく同じ。発音もほぼ一緒。だから日本人がトルコ語を覚えるのはすごい簡単です。アラビア語はちょっと無理。あの発音と文字も無理。

砂山　文字が難しいですしね。

茂木　トルコ語は簡単。トルコ人は、もともとぼくらみたいなちょっと目の細い顔だったんですけども、向こうに行っていろいろな血が加わって、目パッチリになったんですね。

砂山　そのトルコ人が、オスマン帝国をつくるわけですよね。

茂木　これもよく質問があって、「オスマンとトルコって何が違うの？」っていうんですけども、トルコが民族名で、オスマンっていうのは王様のファミリーネームですね。だから、フランスのブルボン朝みたいな感じで、トルコのオスマン朝なんですよね。

砂山 そのオスマン朝って、かなりの大帝国ですよね。

茂木 これはすごかったんですよ。だから、いまの中東の国々全部と、あと東ヨーロッパのバルカン半島のギリシアからハンガリーまで、あのへん全部がオスマン帝国領だったんですよね。

砂山 大帝国ですね。

茂木 ものすごい大帝国。

砂山 その大帝国が、どうやって今のトルコになっていくんですか？

茂木 また今回も地図を描きましたので、ご覧ください（285ページ）。砂山さん、オスマントルコの右上、北東に何がありますか？

砂山 右上は、ロシアです。

茂木 必ず出てきますね。ロシア。だからロシアに絶えず侵略されると。ロシアのずっと右側、東側の国は何ですか？

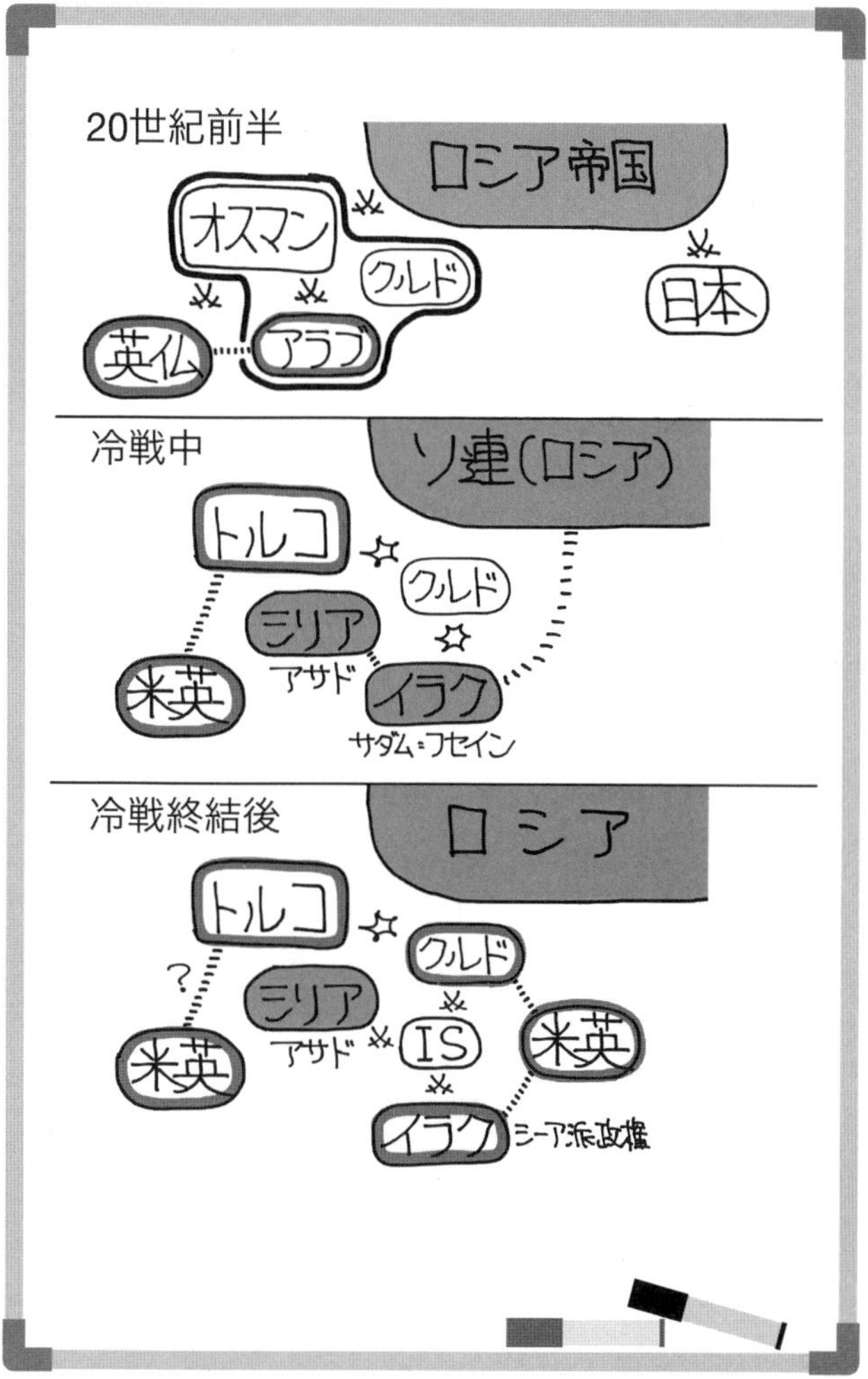
20世紀前半
ロシア帝国
オスマン
クルド
日本
英仏
アラブ
冷戦中
ソ連(ロシア)
トルコ
クルド
シリア
アサド
米英
イラク
サダム・フセイン
冷戦終結後
ロシア
トルコ
クルド
?
シリア
アサド
IS
米英
米英
イラク
シーア派政権

砂山　ロシアの右側は日本。

茂木　日本でしょう。だから立場は一緒なんですよね。

砂山　ロシアが南下してくる、その先にトルコ、そして日本があった。

茂木　だから地政学的にはまったく同じ位置にあるんです。だからエルトゥールル号で、友好使節を送ってきたんです。それから日露戦争をやりますね。あのちょっと前にトルコとロシアも戦ってるんですよ。トルコは負けたけど、日本は勝った。だから「日本、すげぇ！」ってなって、お手本にしようということになったんですね。

砂山　ロシアが北から攻めてくるっていうそういう共通項もあって、日本へのシンパシーというか、親日の気持ちが強い国になった。

茂木　そう。ロシアというランドパワーに脅かされた国、という共通項がある。トルコは負けっぱなしなので他のヨーロッパ列強と手を組もうと考えて、そこに出てきたのがドイツ。第一次世界大戦でオスマン帝国はドイツ側についちゃったと。

砂山　結果、敗れてしまう。

茂木　はい、ドイツと組んじゃだめですよね。そうすると、ドイツのまた敵がイギリス、フランスですから、彼ら連合国は「オスマンは敵だ」「オスマンを解体しろ」ってなって、オスマン帝国の中に組み込まれていたアラブ人の独立運動にイギリスが火をつけて回って。イギリス、フランスがアラブの独立を支援して、支援する口実でアラブの地域を分けちゃったのですが、これが第12章でお話ししたサイクス・ピコ協定（一九一六年）です。

砂山 あの話が出てくる。

茂木 そこでアラブ地域がシリアとイラクに割れましたと。

砂山 シリアをこのとき支配したのがフランスでしたよね。イラクを支配したのがイギリスでしたよね。トルコ本土はどうなったんですか？

茂木 トルコ本土も分割されかかったんですが、アタチュルクというトルコの軍人、英雄ですね。ケマル・パシャともいいますけども、この人が頑張って連合国の軍隊を撃退した。それから、連合国に降伏したオスマン皇帝を追放して、トルコ共和国の大統領になります。で、連合国と再交渉して、アラブ人地域を切り捨てる代わりに、トルコ本土は守った。

西欧化を進めたが、西欧になりきれなかった国

砂山　このトルコと日本、先ほど言葉の共通項とか、ロシアの脅威っていう事態も似てる。その他にも共通点がいっぱいあるんですよね。

茂木　もともとトルコはアジア系民族ですし、イスラム教徒ですから、やっぱりヨーロッパ文明っていうのがなんか肌に合わない、馴染《なじ》めないのを、一生懸命、一生懸命、近代化っていって取り込んだんです。根っこと表向きの文化が違う。ちょうど日本が、もともと西欧文化じゃないのに明治維新をやって一生懸命、かなり無理して西洋化したのと似てるんですよね。

砂山　もともと非西洋文化圏ながら、西洋文化を取り入れたっていう点でも似ていると。そして、第二次大戦後ですね。トルコはどうなっていくんでしたっけ？

茂木　地政学的な位置が変わらないものですから、アメリカから見るとロシア、ソヴィエトを止める防波堤っていう役割は同じなんですよね。

砂山　日本が西太平洋を守る役目、トルコはヨーロッパを守る役目。

茂木 その通り。だから日米安保があるじゃないですか。同じように、アメリカとトルコが同盟関係にあって、これがNATOなんですね。トルコは実はNATOの加盟国なんですよ。

砂山 いわゆる中東の国ですけれども、NATOの加盟国でもあるということですね。トルコは、「ヨーロッパのほうに入りたいな」って思ってるふうに感じるんですけど。

茂木 たとえば、それまでずっとアラビア文字だったのをやめて、ローマ字を使ってます。だからトルコに行くと道に迷わないです。一応読めるんでね。学校なんかではコーランをもう教えないということを徹底して、これを政教分離っていうんですけどね。アタチュルク以来、政治と宗教を分けましょうっていうことです。

砂山 EU、欧州連合にも入るとか、入らないとか……。

茂木 EUにも入れてくれ、入れてくれってずっとトルコは言ってきたんですね。ところが、入れてくれない。

砂山 なぜでしょう。

茂木　これは例の移民問題ですね。つまり、トルコは物価が安いので、ヨーロッパに行ったらものすごい稼げるんですよね。だから、トルコ人の労働者はもうとにかくヨーロッパに行きたい、行きたい、行きたいって思っているんですよ。それがバーッと何十万人も行っちゃうと、ヨーロッパ人の仕事がなくなっちゃう。だから入ってくるな、トルコをＥＵに入れるな、ということですね。

砂山　ＥＵに入れちゃうと、人と物とお金の流れが止められなくなる。

茂木　国境線がもうフリーパスですからね。

砂山　トルコの国内でも、やっぱり西洋文化を目指す、政教分離は続いている？

茂木　いや、近代化、近代化ってやってきたけど、やっぱり成功する人と失敗する人が出てきて、貧富の差が広がる。農村はまだ貧しいが、都市部にはエリートの金持ちがいっぱいいるみたいな。これは平等を唱えているイスラムの教えに反するだろうと。

だから、「もう西洋化はやめてイスラムに戻ろうね」みたいな動きが、だいたい九〇年代、冷戦が終わった頃からワーッと起こってきて、そこから出てきたのがエルドアンっていう大統領ですね。

砂山　という意味では、ちょっとトルコもイスラム回帰に向かっている。

茂木　「本当のトルコを取り戻せ」、みたいな。

砂山　どっかで聞いたことがあります。

茂木　「日本を取り戻せ」みたいな。似てますよね。だから、安倍さんとエルドアンさんがすごく仲がいいのはそこなんですよ。

砂山　そうか。こういうところも、ちょっと共通項というか。

茂木　いっぱいあるじゃないですか。結局、トルコと日本は地政学条件が同じなんですね。

砂山　だから考え方も似てきてしまう部分があるわけですね。さあ、前半はトルコについてうかがってきましたが、後半のテーマは？

茂木　クルドとシリアです。

クルド人はなぜ独立国家を持てなかったのか？

砂山　ＩＳ関連のニュースで「クルド人」っていう言葉がよく出てくるんですけど、クルド人っていうのはどういう民族なんでしょうか？

茂木　クルド人というのは、トルコの東のほうから、国境をまたがってイラク、シリアの一部にもいまして、あとイランですね。長らく国を持てなかった民族です。

砂山　いわゆる国境地帯にまたがって住む少数民族ということですね。

茂木　国家を持たない世界最大の「少数民族」でして、少数といっても３０００万人いますので、「これが少数ですか？」ってね。

砂山　少数ではないですよね。

茂木　だってヨーロッパの普通の国ってこんなもんじゃないですか。オランダ、ベルギーなんて２０００万人いないんですよ。

砂山　そうですね。なのにクルド人は国を持てない。

茂木　国を持てなかったのはおかしいっていうんですよね。なぜ国を持てなかったのかというと、歴史的にはオスマン帝国とペルシア帝国の係争地でしたし、冷戦期には、この図（285ページ中図）でわかるんですけども、トルコのバックに何がついてますか？

砂山　米英。

茂木　米英ですね。シーパワーですね。イラクのバックが？

砂山　イラクのバックはソ連、ロシア。

茂木　ソ連、ロシアですね。それでクルドは、そのトルコとイラクにまたがって住んでるので、アメリカもイギリスもソ連も「クルド独立は許さん」ということになるのです。冷戦中、クルドはもう孤立無援だったんですよ。

砂山　なるほど。で、クルドの宗派は？

茂木　宗派はイスラムの多数派のほうですね。

砂山　スンニ派。

茂木　はい。ただ、クルドのスンニ派ってちょっと独特なんですね。もともとのクルド人の宗教が混ざってます。たとえば女性がすごく強いんですよね。アラブ人は女性を表に出さないじゃないですか。そういうのが違う。ですから、アラブのゴリゴリのイスラムの、たとえばISなんかから見ると、クルドは異端だってことで、攻撃されるんですよね。

砂山　だから狙われていく存在になっていく。

茂木　だからIS、いわゆるイスラム国と、正面切って戦っているのはクルド人武装組織になっちゃったんですよ。女性兵士もバリバリ戦っています。

砂山　この独立国家を持てなかった3000万人のいるクルド、その状況が最近になってちょっと変わってきたわけですよね。

茂木　自分で独立するって言ってもだめなんですよ。大国が認めてくれないと。冷戦中は西側アメリカやイギリスも、東側ソ連も、クルド独立は認めないほうがいいということだったんですけども、それがガラッと変わってしまった。

砂山　やっぱりISの台頭ですか？

茂木　はい。それにともなう国境線の崩壊ですね。

砂山　今の国境線は、もともとはこれもサイクス・ピコ協定ですよね。これでもともととクルド人が住んでいたところを勝手に割られちゃったから。おかしなことになっちゃった。

茂木　まずシリアですね。シリアのアサド政権のバックは、冷戦中からずっとロシアで、社会主義政権だったわけですよ。イラクのサダム・フセインと同じですよね。イスラムじゃない、社会主義の独裁政権です。このアサド政権に対して立ち上がったのがＩＳですから、アサドはＩＳと組めない。

一方で、ＩＳと戦っているのはさっきのクルドですから、クルドのバックにアメリカがついたんですよね。アメリカはＩＳを潰すのにアメリカの若者を送りたくないと、だからクルドに戦わせると。

ここがポイント

✔クルド人に、独立のチャンスがやってきた。

砂山　いまはアメリカになっちゃったんですよね。

茂木　歴史上、はじめてクルド人のバックに大国がついたんです。クルドからすると、「ISと戦ってやるから、アメリカさん、独立を認めてね」って、こうなってくるんですね。

砂山　では、この戦いの末には、ひょっとしたらクルドの独立国家実現も？

茂木　クルド国家の独立があり得る、かもしれない。これを見て慌てたのがトルコです。トルコ東部のクルド人の独立運動に火がつくからです。

砂山　いままでトルコはずっとアメリカ側、NATO側でしたが。

茂木　そうなんです。そのトルコの立場が、クルド問題でちょっとおかしくなってますね。「おいアメリカ、なんでクルドを支援するんだ。裏切ったな」って、エルドアンは思ってますから。

砂山　非常に難しい。このクルドの問題に関してはトルコと欧米が対立。

茂木　そう。どんでん返しが起こりつつある。前回やったサウジアラビアもアメリカから離れてますよね。

同じことがトルコで起こってるんですね。糸の切れた凧みたいにアメリカから離れていくトルコと手を結ぼうとするのがロシアです。トルコをＮＡＴＯから離脱させて、少なくとも中立国にしておきたいとプーチンさんは考えている。アメリカがこれを阻止するには、ロシアとトルコを衝突させればいい。二〇一五年十一月にトルコの領空侵犯をしたロシア軍機をトルコ軍機が撃墜した事件、二〇一六年七月にエルドアン政権の転覆を狙った軍のクーデター未遂事件、これらの事件は、トルコ軍の内部にアメリカの意向を受けて動く勢力があることを示しています。

アメリカとロシアの思惑が、シリア内戦を複雑化した

砂山　今回はもうひとつ、トルコと国境を接するシリアのほう、これもサイクス・ピコ協定でできたアラブの国ですよね。そのあと、それに対する反発からロシアに接近して、アサド家の独裁政権がずっと続いていたと。

茂木　ずっとロシア側であったと。旧ソ連のように、要するに一党独裁で人権抑圧体制ですから、それに対する不満がずっと高まっていった。ソ連崩壊で支援が止まっち

やったので、「いまだ、アサドを倒せ！」ってアメリカのオバマ政権が煽ったのが、あの「アラブの春」ですよね。

砂山　その戦いがまだ続いていて、ISも出てきたっていうかたちですよね。

茂木　いまの話をちょっとロシアから見てみますね。いままで中東にいっぱいつくってきた親ロシア派政権が、どんどん「アラブの春」でひっくり返っちゃったんですよ。いま残ってるのはシリアだけなんですよね。だからプーチンから見ると、このシリアのアサド政権だけは守りたい。最後の拠点。シリアに油田はあんまりないけれど、あの国は地中海に面しているんですよ。だから港がある。ロシア軍の軍艦がシリアの港から地中海に出られるんですね。だから手放せない。

砂山　いわゆる南下政策をいまもやっている。

茂木　だからアサドを応援する。アサドを守るためISを叩くと。プーチンがISに対する空爆を始めたのはそういうことです。

砂山　それでアサド政権が倒れると、クルド人が台頭する。

茂木　そう。

砂山 そうなるとトルコとしては、クルド独立運動が起こるから困る。

茂木 ロシアもアサドが倒れると困る。その意味でロシアとトルコは利害関係が一致する。アメリカはアサドを倒したい。クルド国家独立もOK。でもトルコとの関係が悪化する。

砂山 非常にややこしいんですけど。

茂木 要するに、「シリアのバックはロシア」「クルドのバックはアメリカ」「板ばさみのトルコは微妙な立場」というのが基本的な構図でした。このややこしい中東に米軍が駐留してきた理由の一つが石油です。

しかしトランプ政権下でアメリカ国内でシェールオイル採掘が進み、もう中東からの石油に頼る必要がなくなったのです。

砂山 ならばもう、中東に軍隊を置く必要もなくなった、と。

茂木 そうです。トランプはシリアからの米軍撤収を決断し、シリアをロシアのプーチンに委ねました。クルドを見捨てる形で、アメリカとトルコとの決裂は避けられました。

砂山　ウクライナ戦争の影響は?

茂木　トルコはNATOのメンバーでウクライナへの武器輸出国であると同時に、ロシアへの経済制裁には同調せず、プーチンとの関係も維持しています。仲介者としては、いい位置にいますね。

［茂木のワンポイント］

地政学

トルコと日本は、近代化の過程で西欧文明を受け入れ、ロシアの脅威を受けてきた地政学的な兄弟国。

冷戦中のトルコはNATOの加盟国として、日本は日米安保体制で、ソ連に対する包囲網の役割を担った。

冷戦終結後、トルコでは、貧富の格差への不満からイスラム回帰の運動が起こり、エルドアン政権が生まれた。

クルド人は、国家を持たない世界最大の「少数民族」。

ISとの戦いでアメリカはクルド人を支援するようになったため、トルコとの関係が悪化している。

シリアのアサド政権は、中東最後の親ロシア派政権。プーチンはアサドを守るため、ISを空爆した。

第15章 大国インドは、なぜ日本に接近するのか？

近代インド史の、陰の主役はロシアだった！

砂山　インドの歴史は古いですね。四大文明のひとつですよね。インダス文明。この頃からインドってあったんですよね。

茂木　いや、インドっていう国があったかっていうと、ないんですよね。

砂山　インドという国はなかった？

茂木　インドっていう国がいつできたかっていうと、なんと明治時代のはじめ。

砂山　ずいぶん最近ですね。

茂木　一八七七年、明治十年です。「インド帝国」ができたのは。いまもたくさんの民族、宗教が混然としていて、だからインドを「国」と思うと誤解します。「ヨーロッパ」っていう国はないじゃないですか。いろんな民族がいて宗教があって。だからそんな感じで、インドは世界、「インド世界」なんです。

砂山 ある種、ヨーロッパみたいにいろんな国が集まってると考えるほうがシンプル。

茂木 そうですね。それが普通。では、それがなんでインドっていう国になったのかっていうと、実はインド帝国っていう国をつくったのはイギリスで、インド皇帝はロンドンにいるヴィクトリア女王でした。

砂山 ああ、イギリスの植民地だったんですね。

茂木 そう。イギリスがなんで世界中に軍艦を送って植民地をつくったかっていうと、これはもうこの講義の一番のテーマ、例のランドパワーvsシーパワーっていう話なんです。イギリスにとっての一番の敵は、砂山さん、どこでしたっけ？

砂山 ロシア。毎回出てきますね。世界中にロシアが出てくるんだっていう。

茂木 そう。だから今回も、実は陰の主役はロシアなんです。

砂山 インドの歴史なのにロシアなんですか？

茂木 そうなんです。イギリスはロシアにインドを取られたくないから、必死になっていろんなことをやってきた。

砂山 ロシアが寒い国ですからやっぱり南下しようとする。もう何回も出てきましたけど、インドのほうにも出てこようとした。

茂木 そうすると、イギリスの大事な植民地を奪われてしまう、それを止めろ。そもそも地政学が生まれた、始まりはそこなんですよね。どうやってロシアを食い止めるかっていう、そういう学問ですから、ロシアが敵役《かたき》になるのは当たり前なんですけどね。

砂山 ロシアがいたから地政学という学問が生まれた。

茂木 そう。マッキンダーっていうイギリスの学者がつくったんですね。

砂山 インドという国は明治十年、イギリスが誕生させたということですけど、その前のインドはどうなってたんですか？

茂木 もう数百の言語、宗教は主にヒンドゥー教徒と、少数のイスラム教徒やシク教徒がいて、もめていた。まとまらないから、イギリスにつけ込まれて、気がついたら全部イギリスに乗っ取られていた、ということですね。

砂山 インド側が団結してイギリスを追い出せ、みたいなことはできなかったんですか？

茂木 砂山さんは、どういうふうに教わりましたか？「セポイの反乱」って教わりましたか？

砂山 言葉は覚えてますね。

茂木 最近は「シパーヒーの反乱」とか「インド大反乱」って教えているんですけども、要するにインド人がやっと気がついて、「イギリス、だましたな」って言って立ち上がったらやられちゃったという話。イギリスのうまいのは、「これはイスラム教徒の反乱だから、ヒンドゥー教徒の諸君、一緒に戦おう」とか言って丸め込むんですよ。ヒンドゥー教徒がこれに乗せられちゃったんですね。

砂山 もともとひとつの国じゃなかったっていうのをうまく活かして。

茂木 だめじゃんっていう話ですね。まとめられなかった。

砂山　うまく反乱を抑え込んで、イギリスが結局勝ったわけですね。

茂木　そうやってインドでゴタゴタやってるうちにロシアがどんどん迫ってきました。ちょっとまた地図を描きましたので（309ページ）。ロシアがそのインドに攻め込むときに、どこを通りますか？

砂山　アフガニスタン、パキスタン、あとチベット。

茂木　チベットですね。ですから、イギリスとしてはあのラインですね。アフガニスタン・チベットラインをあらかじめ押さえておく。あそこにイギリスの軍隊を置いておけば、ロシアからインドを守れるということなんですね。

砂山　アフガニスタンを防波堤にして、インドをロシアから守ろうとした。

茂木　そう。防波堤ということなんですね。日本がなんで朝鮮半島を併合したかというと、朝鮮半島にたとえば石油が出るとかダイヤが出るとかってありますか？

砂山　ないですね。

茂木　ないでしょう。あれもロシアに対する防波堤だったんですよ。

砂山　防波堤。

茂木　つまり、日本にとって朝鮮が防波堤だったように、イギリスにとってアフガニスタン、チベットは防波堤だった。砂山さん、チベットで一番偉い人って誰でしょう？

砂山　ダライ・ラマ。

茂木　ダライ・ラマっていうお坊さんですね。チベットっていうのは中国の最後の王朝、清朝の一部だったんですけど、大幅な自治を認められていて、先代のダライ・ラマさんで、13世っていう方ですけど。

清朝が、孫文の辛亥《しんがい》革命で倒れたのを見て、ダライ・ラマ13世が、「よし、チベット

ここがポイント

✔ **米英にとってインド防衛の防波堤がアフガニスタンとチベットだった。**

も正式に独立しよう！」と言ったんですね。イギリスは、「チベットの独立を認めてやる」「その代わりイギリス軍の駐留を認めろ」と言って、チベットをうまく取り込んだわけですね。防波堤の完成です。

砂山 防波堤にしたわけですね。そのあと、イギリスから結局インドは独立していくことになると思うんですけど、それを指導したのはガンジーですね。

茂木 そうですね。でも地政学的に面白いのはガンジーよりもチャンドラ・ボースです。この人も独立運動の指導者で、イギリスを追い出すために日本・ドイツと組もうとした。ヒトラーは人種差別がひどくて相手にされなかったんですが、日本軍はボースに協力し、イギリス軍の中にいたインド兵を寝返らせて、「インド国民軍」っていうのを編制します。それで日本軍と一緒にインドに攻め込んだ。インパール作戦っていいます。

砂山 負けちゃったんですね。

茂木 補給に失敗して、ものすごい損害をだしました。そのあとボースは、「日本はもうだめだ、これからはソ連だ」、とモスクワに向かおうとするんですが、日本領だ

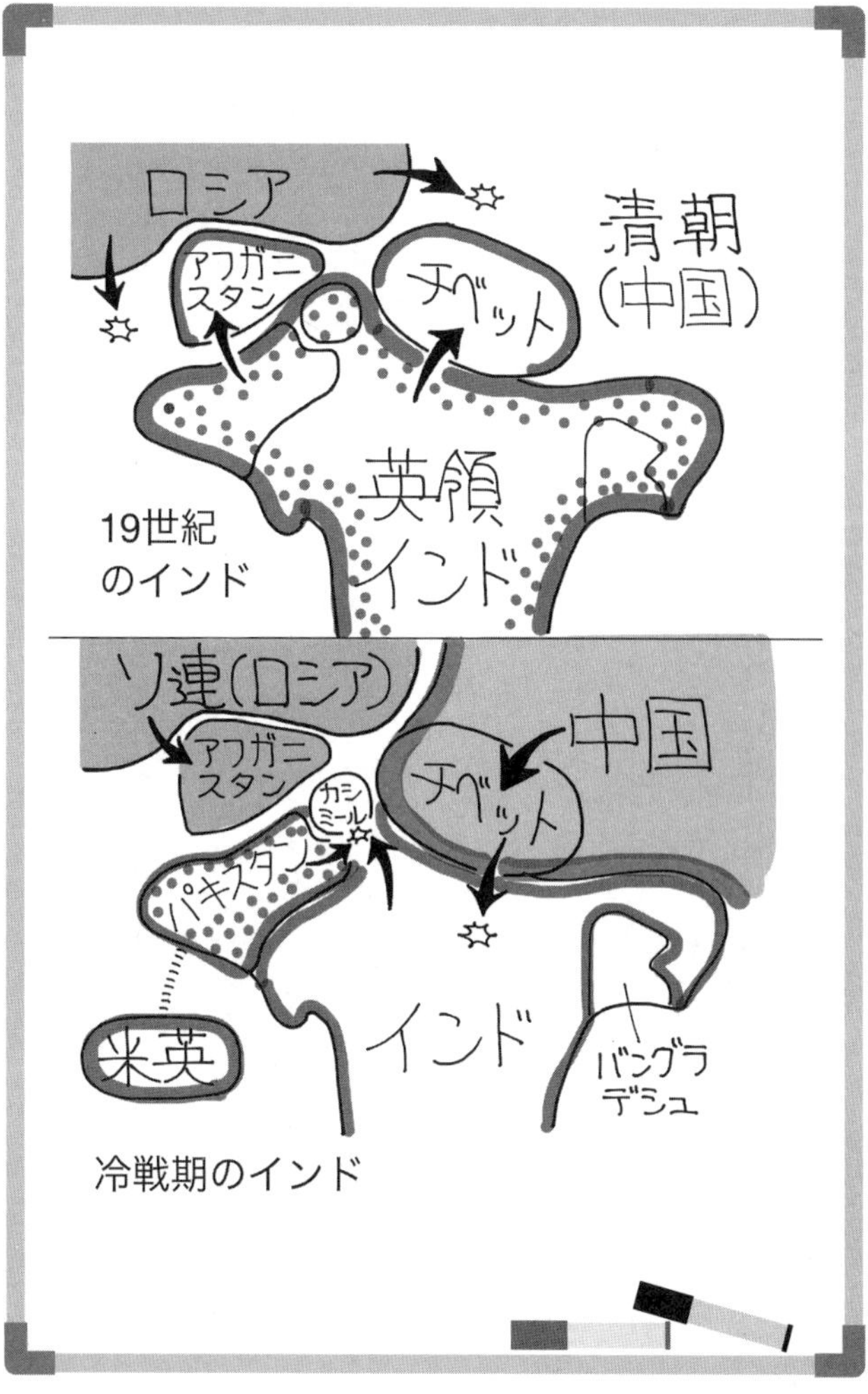
ロシア
清朝
(中国)
アフガニスタン
チベット
英領
インド
19世紀
のインド
ソ連(ロシア)
中国
アフガニスタン
カシミール
チベット
パキスタン
米英
インド
バングラデシュ
冷戦期のインド

った台湾の空港を離陸直後に飛行機が落ちて死んでしまうんです。

インドとパキスタンはなぜ対立するのか？

砂山　結局、最終的にインドの独立が決まったのは第二次大戦後ですね。

茂木　あの戦争でイギリスは日本と戦って勝ったことになってますけども、イギリスもほとんどの植民地を失っちゃったんですね。つまり、イギリスも弱っちゃってもう植民地を維持できないと。だからインドは、日本が負けた2年後に独立ができたんですよ。ところが、多数派のヒンドゥー教徒中心の国づくりにイスラム教徒が反発する。

砂山　もともと「インド」っていう国はイギリスがつくったものでしたよね。

茂木　だから「インド人意識」が薄くて、あるのは宗派意識。ヒンドゥー教徒、おれたちはヒンドゥー教徒だ、イスラムだって言って、もめちゃったんですね。インドの北西部のイスラム教徒が多い地方が「おれたちはインドじゃない」って言い出して、「パキスタン」っていう国をつくっちゃった。

砂山　もともと英領インドっていうのは、いまのインドとパキスタンを含んでいた。

茂木　パキスタンも、スリランカも含めて全部インドだったんですけども、それがイギリスが出ていったら割れちゃったと。だから、ちょっとイメージしてください。真ん中がインドで、左上がパキスタン、右上がチベット、その上がロシアです。

砂山　ということですね。無数の小国家がイギリスによってインド帝国というひとつの塊になって、イギリスから独立するときに、今度はインドとパキスタンに分かれたわけですね。でも隣同士のインドとパキスタンは結局、仲が悪いですよね。

茂木　最悪ですよね。これもいまのシリアの内戦とまったく同じ話であって、つまり、宗教の分布とその国境線が合ってない。パキスタンとインドの境にカシミールっていうところがあって、イスラム教徒とヒンドゥー教徒が混在しているので、どっちに入れてももめちゃうんですね。

砂山　中東でやりましたよね。フランスとイギリスが引いた国境線と宗教分布が合っていないから、もめちゃった。それと同じことが起こって、新たな紛争の原因に……。

茂木　いままでにインドとパキスタンは3回戦っているんです。地図を見ればわかるんですけども、砂山さん、どっちが強いと思います？

砂山　パキスタンとインド、どう考えてもインドが広くて強そうな感じはします。

茂木　でしょう。だから基本的にパキスタンは負けます。これはたまらんということで、パキスタンはインドより強い国にくっつく。それで出てきたのがアメリカなんですよ。

砂山　そこでアメリカが出てくるんですか。今度は。なんでアメリカと。

茂木　アメリカにとって一番の行動原理っていうのはやっぱりソ連、ロシアを抑え込むと。ロシアの南下を止めるためには、やっぱりパキスタンを「防波堤」にしたい。

砂山　そうか。そのときはもうアフガニスタンというのはソ連の……。

茂木　アフガニスタンでは中立を守ろうとした国王が、親ソ派、共産党のクーデターで追放されてしまいます。

砂山　で、結局、ソ連の勢力圏になっちゃったんですね。

茂木　だからアメリカはちょっと引いて、パキスタンを防波堤に……。

砂山　インドから見ると、おもしろくないですね。

茂木 「この野郎、アメリカめ。パキスタンにつきやがったな」っていうことです。だからインドは逆に、ソ連や中国、ランドパワー側に接近すると。

砂山 結局インドは、どっちと組んだんですか?

茂木 最初は中国と組もうっていう話でした。インドのネルー首相と周恩来《しゅうおんらい》が非常に仲が良かったんです。けれども突然、「中国は敵だ!」と中印関係が激変します。

砂山 なぜでしょう?

茂木 中国がチベットを併合したんですね。イギリスがインドから出ていったので、その隙をついたわけです。中国は賢いですね。

砂山 なるほど。これまでの歴史につながってきますね。もともとチベットは清朝から独立したと、先ほどのお話の中にありましたけど、ここで中国がチベットをまた……。

茂木 毛沢東さんが中国軍を派遣してチベットを併合します。ダライ・ラマ14世がこのときにインドに逃げたんですね。いまでもインドで逃亡生活を送っていると。

砂山 そこで中国とインドの仲が悪くなったわけですね。

茂木　そうです。インドから見ると、チベットという防波堤が消えちゃった。実際このあと中国軍がインドに攻め込みます。いまも中印国境は確定していません。中国はインドの敵。パキスタンのバックのアメリカも敵。ということは、残っているのは……。

砂山　最後にはソ連、ロシアと組んだ。非常にややこしい話になってくるんですね。

茂木　いや、これは典型的な地政学の考え方ですね。「敵の敵は味方」「隣同士は敵」と。わかりやすいですよ。

アフガニスタンにイスラム過激派が集結したわけ

砂山　ここから結局どうなっていくんですか？

茂木　結局この「防波堤」問題っていうのはいつも同じなんですよね。アメリカはアフガニスタンにいるソ連の勢力を追い払いたいと考えます。

砂山　パキスタンの北側ですね。

茂木　はい。アフガニスタンで、共産党政権がイスラム教を弾圧します。そこでアメリカは、イスラムゲリラを応援する。「ソ連やっつけろ」と武器を渡す。それで始まったのがアフガンの内戦で、ここにソ連が軍隊を送り込んで、もう泥沼になっていくと。

砂山　アフガニスタンって、テロリストがたくさんいるみたいなイメージですが……。

茂木　アフガニスタンは本当に場所が悪いとしか言いようがないですね。あそこはね。何の資源もないんですよ。貧しくて。ただ場所が悪くて、常に北からロシアが、南からはイギリスやアメリカが入ってくるということなんですね。

砂山　イスラム教徒にとってはアフガンで聖戦が行われているわけですよね。

茂木　共産党っていうのは、「宗教は迷信だ！」という政党ですから、イスラム教徒から見たらもう許しがたい敵。だから「アフガニスタンのイスラム教徒、頑張れ！」っていって、世界中のイスラム教徒の若者が義勇兵といって集まっちゃったんですよ。いまのシリアに集まっているように。それでできたのがあのアルカイダっていう組織なんですね。

砂山　ビン・ラディンですね。

茂木　オサマ・ビン・ラディンがこの組織をつくりました。

砂山　そのとき実は、アメリカがあの人たちを支援していた。

茂木　そうです。アメリカが、アルカイダに武器をばらまいていたんです。で、ソ連軍を追い払った。疲れ果てたソ連が崩壊に向かう。調子に乗ったアメリカは、中東の親ソ政権を全部倒そうと決めた。最初の標的になったのがイラクでした。これが湾岸戦争です。

砂山　ビン・ラディンたちはどう考えたんですか？

茂木　「われわれはソ連軍を追い払った。次はアメリカ軍を中東から追い出そう！」

砂山　それが、結局「九・一一」の同時テロにつながっていくわけですよね。

茂木　そう。「九・一一」のあとアメリカは態度を変えて、「テロリストは許さん」とか言い出して、今度は米軍がアフガンを空爆します。だからアフガンはソ連軍に攻め込まれたあと、米軍に空爆されるっていう、もうめちゃめちゃな目に遭った。これはアフガンが、地政学的な「防波堤」だからです。結局、米軍も疲れ果てて、バイデン政権の時に撤収しました（二〇二一年）。

砂山　ここでパキスタンとインドの核問題ですけど、この両国の対立が核問題にまで深刻化したのはどういう経緯があったんでしょうか？

茂木　先に核兵器を持ったのはインドです。理由は、中国の核実験に対抗するためです。

砂山　チベット併合によって仲が悪くなった中国が核を持った。それに対抗する手段としてインドが核を持った。

茂木　そう。一九六四年、最初の東京五輪の最中に、中国は原爆実験に成功します。そこでインドは、「もし中国が核ミサイルを撃ち込んできたら、撃ち返すぞ」と脅しをかけるということですね。そのとき、インドを誰が助けたかっていうと。

砂山　さっきの話だと、アメリカは助けませんから、ロシア、ソ連が助けると。

茂木　そうです。ソ連の援助で核武装したのが、インド。インドが核武装すると困るのは今度はパキスタンになりまして、パキスタンの核武装のバックは実は中国です。

砂山　パキスタンのバックは中国なんですか。

茂木　アメリカは、イスラム教国に核を持たせるのはヤバいだろうってためらったんです。そこでパキスタンの軍部は、中国と手を組んで核実験を強行します。アメリカとの関係が悪化したパキスタンは、ますます中国に傾斜する。

砂山　中国はインドと仲が悪い、パキスタンもインドと仲が悪い。敵の敵は友だちだと。

茂木　そういうことです。だから、中国とパキスタンは非常によい関係です。逆に、中国側から見ると、チベットからパキスタンを通ってインド洋に出られる。中東の石油を、中国内陸部に直接運べるようになる。

砂山　パキスタン、確かにつながってますね。地政学的に、中国にとってもパキスタンは非常に重要というか、仲良くしていたい。

茂木　これは地図を見るともう一目瞭然ですね。

二〇二〇年代、人口で中国を超える〝大国〟インドを味方にせよ！

砂山　結局、この緊張状態がいまも続いていることになりますけど、経済的にはインドには、これからますます期待は高まっていきますよね。

茂木　人口が多いし、二〇二〇年代には中国を追い越します。日本と逆で若者の数がすごい多いんですよね。これからどんどん労働人口が増えますので、物が売れるだろうということで、最近は聞かなくなりましたけど、ＢＲＩＣｓ（ブリックス）――ブラジル、ロシア、インド、中国が二十一世紀には大発展する、なんて言われた時期もありました。

砂山　同じく経済発展してきた中国とインドとの関係は、どうなっているんですか？

茂木　やっぱりインドもお金が足りないから中国から投資は欲しい。だから中国がつくったアジアインフラ投資銀行、ＡＩＩＢにインドは入ったりするんですけども、領土問題があるから本当は敵。テーブルの上で握手して、テーブルの下では足を蹴り合ってる関係です。

砂山　という感じになると。経済上の結びつきはあるということですね。インドとアメリカとの関係はどうでしょう？

茂木　友好国のソ連が崩壊しちゃったあと、インドはアメリカに急接近しています。

中国を牽制するためです。インド洋ではマラバールという米印共同軍事演習も始めました。

砂山 今後のインドなんですけど、どうなると見てますか？ 日本との関係っていうのはどうなっていくんでしょう？

茂木 ぼくがインドを尊敬しているのは、あれだけのでかい国で、内戦が起こってない。カシミールを除けば。ちゃんと選挙で政権交代している世界最大の民主国家。これはぜひ中国さんに見習ってほしいですね。
もうひとつ、日本に対するインド人の考え方っていうのは独特で、中国や韓国のように、「過去の問題」について日本を非難するってことを、インドはしないんですね。というのは、独立のとき、インド独立軍を日本が助けてますよね。インパール作戦は失敗しましたが、国民軍はインドの英雄になって、あれをきっかけに独立運動に火がついた。だから、インドから見ると日本は敵ではない。むしろ「一緒に戦った同志」という考え方なんですよ。来日したインドのモディ首相は、インパール作戦の生き残りの旧日本兵のおじいちゃんと握手して、ツイッターに写真を載せています。

砂山　という意味では、与《くみ》しやすい関係にはある。

茂木　それともうひとつ、インドは国連安保理事会に入りたい。日本も入りたい。中国はそれをいやがっている。だから日本とインドは手を組める。

砂山　いわゆる「戦勝国」が国連の常任理事国になってますけど、インドも日本も、こういう歴史をちょっと変えていこうよっていうときに手を組める。

茂木　その「戦勝国」が日本の指導者を裁いた東京裁判っていうのがあって、そのときにひとりインド人の裁判官がいて、パール判事っていう人です。この人は東京裁判で告発された東條元首相ら日本の指導者たちに、全員無罪の判決を出してるんですね。「イギリスや他の列強に日本を裁く権利はない。お前らもやってきただろう」ということです。

砂山　ということだったんですね。という意味では、インドは貴重なパートナーになりうる国ということですね。

［茂木のワンポイント］**地政学**

多民族、多宗教世界だったインドをイギリスが占領し、宗教対立を煽って分割統治した。

イギリスは植民地インドの防衛のため、アフガニスタンとチベットをロシアに対する防波堤にした。

独立後、イスラム教国パキスタンは、ヒンドゥーの大国インドに対抗してアメリカ、中国と結んだ。

中国のチベット併合、ダライ・ラマ14世のインド亡命で、中印関係が悪化。インドはソ連と同盟し、ソ連崩壊後のインドはアメリカに急接近している。

日本軍はインド独立を支援した。

「歴史問題」や、国連改革問題で日本とインドは協力できる。

あとがき

半年間にわたり、毎週わたしの講義にお付き合いいただいた番組リスナーの皆さん。そして、書店で本書を手にとり、あるいはネットで注文してくださった読者の皆さん。

台本があってないような、突然の無茶振りをするわたしの講義を、時折泣きそうな顔を見せながら必死にサポートし、番組にまとめてくださった砂山圭大郎アナウンサー。

わたしとのメールのやり取りを重ねて番組の台本を作成し、一緒にスタジオ入りして、「現場監督」のようにわたしの暴走を制御してくださった放送作家の鈴木裕史さん。

「オトナカレッジ」という素晴らしいラジオ番組を企画し、わたしにも出演の機会を与えてくださった文化放送制作部の岩田清さん。

『学校では教えてくれない』シリーズの1冊として、本書を世に出してくださったPHPエディターズ・グループ書籍編集部の鈴木隆さん。

皆さんのお力で、この仕事を成し遂げられました。

本当にありがとうございました。

二〇一六年盛夏

茂木　誠

◇◇◇◇◇◇◇◇◇◇◇◇◇◇◇◇◇◇◇◇◇◇◇◇◇◇◇◇◇◇◇◇◇◇◇◇◇◇◇

なかなか癖のある先生で……。泣きそうではなかったのですが、困った顔をしていたことは確かです。ただ、それ以上に、茂木先生の講義は目からウロコの連続でした。

「地政学」を学んでわかったのは、歴史には「場所」が深く関わっていること。そして、国家の行動の理由も「場所」が明らかにするということです。

世界史と地政学を合わせて教えてもらったことで、分かりにくかった「なぜ?」のポイントが浮き出て見えるようになりました。残念ながら、世界情勢は不安定です。今後、世界で起きる出来事に「なぜ?」と思うたび、この本を読み返してみようと思います。

文化放送アナウンサー　砂山圭大郎

文庫のあとがき

前のあとがきで、何か起こったら読み返したいと書いていたのですが、まさにロシアがウクライナに侵攻してすぐ、この本を読み返していました。

地政学を学んでわかったことは、歴史には「場所」が深くかかわっていること。そして、国家が行動する理由も「場所」が明らかにするということです。

様々な「地政学本」が発売されていますが、茂木さんという（ややクセのある）世界史講師から教わった地政学は、約6年ぶりに読んでみて、改めて歴史と場所の交わりがわかりやすかったです。

文化放送アナウンサー　砂山圭大郎

茂木先生（左）と砂山アナウンサー

【放送日および放送時のタイトル一覧】


第1章（2015/10/2）「世界の今が見えてくる！“地政学”とは何なのか？」

第2章（2015/10/9）「アメリカ大統領選挙で世界はどう変わる？」

第3章（2015/10/30）「地政学で読み解くアメリカの世界戦略」

第4章（2015/11/6）「地政学で読み解く中国の世界戦略」

第5章（2015/11/20）「なぜ、中国は今、海に進出しようとするのか？」

第6章（2015/11/27）「地政学で読み解く日韓関係」

第7章（2015/12/4）「地政学で読み解く日韓関係 Part2」

第8章（2016/1/15）「歴史に学ぶロシア～北方領土の解決策はあるのか？」

第9章（2016/1/8）「歴史に学ぶロシア～ロシアはなぜウクライナ問題に介入するのか？」

第10章（2015/12/11）「歴史に学ぶヨーロッパの移民問題」

第11章（2016/3/18）「イギリスが脱退？　今、EUで何が起きているのか？」

第12章（2015/12/18）「世界史で学ぶ中東問題～シリア、イラクの内戦はなぜ終わらないのか？」

第13章（2016/2/5）「歴史に学ぶ中東～イランは何を目指すのか」

第14章（2016/2/12）「歴史に学ぶ中東～トルコ・クルド・シリア編」

第15章（2016/3/4）「地政学で学ぶインドの歴史」

※本書は、ラジオ番組「文化放送　オトナカレッジ」で放送された「茂木誠の世界史学科」を再構成したものです。

※放送後の国際情勢の変化についても、できるだけ加筆、追記してあります。

祥伝社黄金文庫

学校《がっこう》では教《おし》えてくれない　地政学《ちせいがく》の授業《じゅぎょう》

令和4年10月20日　初版第1刷発行

著　者　茂木《もぎ》　誠《まこと》・文化放送《ぶんかほうそう》
発行者　辻　浩明
発行所　祥伝社《しょうでんしゃ》
〒101－8701
東京都千代田区神田神保町3－3
電話　03（3265）2084（編集部）
電話　03（3265）2081（販売部）
電話　03（3265）3622（業務部）
www.shodensha.co.jp
印刷所　萩原印刷
製本所　ナショナル製本

ISBN978-4-396-31828-4 C0120